book2

English – Georgian

for beginners

A book in 2 languages

www.book2.de

GOETHE
VERLAG

IMPRESSUM

Johannes Schumann:
book2 English - Georgian
EAN-13 (ISBN-13): 9781440443381

Goethe-Verlag GmbH
Postfach 152008
80051 München
Germany

Fax +49-89-74790012
www.book2.de
www.goethe-verlag.com

Table of contents

People	4	At the airport	38	*to need – to want to*	72
Family Members	5	Public transportation	39	to like something	73
Getting to know others	6	En route	40	to want something	74
At school	7	In the taxi	41	to have to do something / must	75
Countries and Languages	8	Car breakdown	42	to be allowed to	76
Reading and writing	9	Asking for directions	43	Asking for something	77
Numbers	10	Where is ... ?	44	Giving reasons 1	78
The time	11	City tour	45	Giving reasons 2	79
Days of the week	12	At the zoo	46	Giving reasons 3	80
Yesterday – today – tomorrow	13	Going out in the evening	47	Adjectives 1	81
Months	14	At the cinema	48	Adjectives 2	82
Beverages	15	In the discotheque	49	Adjectives 3	83
Activities	16	Preparing a trip	50	Past tense 1	84
Colors	17	Vacation activities	51	Past tense 2	85
Fruits and food	18	Sports	52	Past tense 3	86
Seasons and Weather	19	In the swimming pool	53	Past tense 4	87
Around the house	20	Running errands	54	Questions – Past tense 1	88
House cleaning	21	In the department store	55	Questions – Past tense 2	89
In the kitchen	22	Shops	56	Past tense of modal verbs 1	90
Small Talk 1	23	Shopping	57	Past tense of modal verbs 2	91
Small Talk 2	24	Working	58	Imperative 1	92
Small Talk 3	25	Feelings	59	Imperative 2	93
Learning foreign languages	26	At the doctor	60	Subordinate clauses: *that* 1	94
Appointment	27	Parts of the body	61	Subordinate clauses: *that* 2	95
In the city	28	At the post office	62	Subordinate clauses: *if*	96
In nature	29	At the bank	63	Conjunctions 1	97
In the hotel – Arrival	30	Ordinal numbers	64	Conjunctions 2	98
In the hotel – Complaints	31	Asking questions 1	65	Conjunctions 3	99
At the restaurant 1	32	Asking questions 2	66	Conjunctions 4	100
At the restaurant 2	33	Negation 1	67	Double connectors	101
At the restaurant 3	34	Negation 2	68	Genitive	102
At the restaurant 4	35	Possessive pronouns 1	69	Adverbs	103
At the train station	36	Possessive pronouns 2	70		
On the train	37	*big – small*	71		

1 [one]

People

1 [ერთი]

პიროვნებები

I	მე
I and you	მე და შენ
both of us	ჩვენ ორივე
he	ის
he and she	ის [კაცი] და ის [ქალი]
they both	ისინი ორივე
the man	კაცი
the woman	ქალი
the child	ბავშვი
a family	ოჯახი
my family	ჩემი ოჯახი
My family is here.	ჩემი ოჯახი აქ არის.
I am here.	მე აქ ვარ.
You are here.	შენ აქ ხარ.
He is here and she is here.	ის [კაცი] აქ არის და ის [ქალი] აქ არის.
We are here.	ჩვენ აქ ვართ.
You are here.	თქვენ აქ ხართ.
They are all here.	ისინი ყველანი აქ არიან.

2 [two]

Family Members

2 [ორი]

ოჯახი

the grandfather	ბაბუა
the grandmother	ბებია
he and she	ის [კაცი] და ის [ქალი]
the father	მამა
the mother	დედა
he and she	ის [კაცი] და ის [ქალი]
the son	ვაჟი
the daughter	ქალიშვილი
he and she	ის [კაცი] და ის [ქალი]
the brother	ძმა
the sister	და
he and she	ის [კაცი] და ის [ქალი]
the uncle	ბიძა
the aunt	დეიდა / მამიდა
he and she	ის [კაცი] და ის [ქალი]
We are a family.	ჩვენ ერთი ოჯახი ვართ.
The family is not small.	ოჯახი არ არის პატარა.
The family is big.	ოჯახი დიდია.

3 [three]

Getting to know others

3 [სამი]

გაცნობა

Hi!	გამარჯობა!
Hello!	გამარჯობა!
How are you?	როგორ ხარ?
Do you come from Europe?	ევროპელი ხართ?
Do you come from America?	ამერიკელი ხართ?
Do you come from Asia?	აზიელი ხართ?
In which hotel are you staying?	რომელ სასტუმროში ცხოვრობთ?
How long have you been here for?	რამდენი ხანია რაც აქ ხართ?
How long will you be staying?	რამდენი ხნით რჩებით?
Do you like it here?	მოგწონთ აქ?
Are you here on vacation?	აქ შვებულება გაქვთ?
Please do visit me sometime!	მესტუმრეთ როგორმე!
Here is my address.	ეს ჩემი მისამართია.
Shall we see each other tomorrow?	ხვალ შევხვდებით?
I am sorry, but I already have plans.	ვწუხვარ, მაგრამ უკვე დავგეგმე რაღაც.
Bye!	კარგად!
Good bye!	ნახვამდის!
See you soon!	დროებით!

4 [four]

At school

4 [ოთხი]

სკოლაში

Where are we?	სად ვართ?
We are at school.	სკოლაში ვართ.
We are having class / a lesson.	გაკვეთილი გვაქვს.
Those are the school children.	ესენი მოსწავლეები არიან.
That is the teacher.	ეს მასწავლებელია.
That is the class.	ეს კლასია.
What are we doing?	რას ვაკეთებთ?
We are learning.	ვსწავლობთ.
We are learning a language.	ენას ვსწავლობთ.
I learn English.	მე ვსწავლობ ინგლისურს.
You learn Spanish.	შენ სწავლობ ესპანურს.
He learns German.	ის სწავლობს გერმაულს.
We learn French.	ჩვენ ვსწავლობთ ფრანგულს.
You all learn Italian.	თქვენ სწავლობთ იტალიურს.
They learn Russian.	ისინი სწავლობენ რუსულს.
Learning languages is interesting.	ენების სწავლა საინტერესოა.
We want to understand people.	ჩვენ გვინდა გვესმოდეს ადამიანების.
We want to speak with people.	ჩვენ ადამიანებთან ლაპარაკი გვინდა.

5 [five]

Countries and Languages

5 [ხუთი]

ქვეყნები და ენები

John is from London.
London is in Great Britain.
He speaks English.

ჯონი ლონდონიდან არის.
ლონდონი მდებარეობს დიდ ბრიტანეთში.
ის ინგლისურად ლაპარაკობს.

Maria is from Madrid.
Madrid is in Spain.
She speaks Spanish.

მარია მადრიდიდან არის.
მადრიდი მდებარეობს ესპანეთში.
ის ესპანურად ლაპარაკობს.

Peter and Martha are from Berlin.
Berlin is in Germany.
Do both of you speak German?

პეტერი და მართა ბერლინიდან არიან.
ბერლინი მდებარეობს გერმანიაში.
თქვენ ორივე გერმანულად ლაპარაკობთ?

London is a capital city.
Madrid and Berlin are also capital cities.
Capital cities are big and noisy.

ლონდონი დედაქალაქია.
მადრიდი და ბერლინიც დედაქალაქებია.
დედაქალაქები დიდი და ხმაურიანია.

France is in Europe.
Egypt is in Africa.
Japan is in Asia.

საფრანგეთი ევროპაშია.
ეგვიპტე აფრიკაშია.
იაპონია აზიაშია.

Canada is in North America.
Panama is in Central America.
Brazil is in South America.

კანადა ჩრდილოეთ ამერიკაშია.
პანამა ცენტრალურ ამერიკაშია.
ბრაზილია სამხრეთ ამერიკაშია.

6 [six]

Reading and writing

6 [ექვსი]

კითხვა და წერა

I read.	ვკითხულობ.
I read a letter.	მე ასოს ვკითხულობ.
I read a word.	მე სიტყვას ვკითხულობ.
I read a sentence.	მე წინადადებას ვკითხულობ.
I read a letter.	მე წერილს ვკითხულობ.
I read a book.	მე წიგნს ვკითხულობ.
I read.	ვკითხულობ.
You read.	შენ კითხულობ.
He reads.	ის კითხულობს.
I write.	ვწერ.
I write a letter.	მე ასოს ვწერ.
I write a word.	მე სიტყვას ვწერ.
I write a sentence.	მე წინადადებას ვწერ.
I write a letter.	მე წერილს ვწერ.
I write a book.	მე წიგნს ვწერ.
I write.	ვწერ.
You write.	შენ წერ.
He writes.	ის წერს.

7 [seven]

Numbers

7 [შვიდი]

რიცხვები

I count:
one, two, three
I count to three.

I count further:
four, five, six,
seven, eight, nine

I count.
You count.
He counts.

One. The first.
Two. The second.
Three. The third.

Four. The fourth.
Five. The fifth.
Six. The sixth.

Seven. The seventh.
Eight. The eighth.
Nine. The ninth.

ვითვლი:
ერთი, ორი, სამი
ვითვლი სამამდე.

ვაგრძელებ თვლას:
ოთხი, ხუთი, ექვსი,
შვიდი, რვა, ცხრა

მე ვითვლი.
შენ ითვლი.
ის ითვლის.

ერთი. პირველი.
ორი. მეორე.
სამი. მესამე.

ოთხი. მეოთხე.
ხუთი. მეხუთე.
ექვსი. მეექვსე.

შვიდი. მეშვიდე.
რვა. მერვე.
ცხრა. მეცხრე.

8 [eight]

The time

8 [რვა]

საათის დროები

Excuse me!	მაპატიეთ!
What time is it, please?	უკაცრავად, რომელი საათია?
Thank you very much.	დიდი მადლობა.
It is one o'clock.	პირველი საათია.
It is two o'clock.	ორი საათია.
It is three o'clock.	სამი საათია.
It is four o'clock.	ოთხი საათია.
It is five o'clock.	ხუთი საათია.
It is six o'clock.	ექვსი საათია.
It is seven o'clock.	შვიდი საათია.
It is eight o'clock.	რვა საათია.
It is nine o'clock.	ცხრა საათია.
It is ten o'clock.	ათი საათია.
It is eleven o'clock.	თერთმეტი საათია.
It is twelve o'clock.	თორმეტი საათია.
A minute has sixty seconds.	ერთ წუთში სამოცი წამია.
An hour has sixty minutes.	ერთ საათში სამოცი წუთია.
A day has twenty-four hours.	ერთ დღეში ოცდაოთხი საათია.

9 [nine]

Days of the week

9 [ცხრა]

კვირის დღეები

Monday	ორშაბათი
Tuesday	სამშაბათი
Wednesday	ოთხშაბათი
Thursday	ხუთშაბათი
Friday	პარასკევი
Saturday	შაბათი
Sunday	კვირა(დღე)
the week	კვირა
from Monday to Sunday	ორშაბათიდან კვირამდე
The first day is Monday.	პირველი დღე ორშაბათია.
The second day is Tuesday.	მეორე დღე სამშაბათია.
The third day is Wednesday.	მესამე დღე ოთხშაბათია.
The fourth day is Thursday.	მეოთხე დღე ხუთშაბათია.
The fifth day is Friday.	მეხუთე დღე პარასკევია.
The sixth day is Saturday.	მეექვსე დღე შაბათია.
The seventh day is Sunday.	მეშვიდე დღე არის კვირა.
The week has seven days.	კვირაში არის შვიდი დღე.
We only work for five days.	ჩვენ მხოლოდ ხუთი დღე ვმუშაობთ.

10 [ten]

Yesterday – today – tomorrow

10 [ათი]

გუშინ – დღეს – ხვალ

Yesterday was Saturday.	გუშინ შაბათი იყო.
I was at the cinema yesterday.	გუშინ კინოში ვიყავი.
The film was interesting.	ფილმი იყო საინტერესო.
Today is Sunday.	დღეს არის კვირა.
I'm not working today.	დღეს არ ვმუშაობ.
I'm staying at home.	მე სახლში დავრჩები.
Tomorrow is Monday.	ხვალ ორშაბათია.
Tomorrow I will work again.	ხვალ ისევ ვმუშაობ.
I work at an office.	მე ოფისში ვმუშაობ.
Who is that?	ეს ვინ არის?
That is Peter.	ეს პეტერია.
Peter is a student.	პეტერი სტუდენტია.
Who is that?	ეს ვინ არის?
That is Martha.	ეს არის მართა.
Martha is a secretary.	მართა მდივანია.
Peter and Martha are friends.	პეტერი და მართა მეგობრები არიან.
Peter is Martha's friend.	პეტერი მართას მეგობარია.
Martha is Peter's friend.	მართა პეტერის მეგობარია.

11 [eleven]

Months

11 [თერთმეტი]

თვეები

January	იანვარი
February	თებერვალი
March	მარტი
April	აპრილი
May	მაისი
June	ივნისი
These are six months. January, February, March, April, May and June.	ეს არის ექვსი თვე. იანვარი, თებერვალი, მარტი, აპრილი, მაისი და ივნისი.
July	ივლისი
August	აგვისტო
September	სექტემბერი
October	ოქტომბერი
November	ნოემბერი
December	დეკემბერი
These are also six months. July, August, September, October, November and December.	ესეც ექვსი თვეა. ივლისი, აგვისტო, სექტემბერი, ოქტომბერი, ნოემბერი და დეკემბერი.

12 [twelve]

Beverages

12 [თორმეტი]

სასმელები

I drink tea.	მე ჩაის ვსვამ.
I drink coffee.	მე ყავას ვსვამ.
I drink mineral water.	მე მინერალურ წყალს ვსვამ.
Do you drink tea with lemon?	შენ ჩაის ლიმონით სვამ?
Do you drink coffee with sugar?	შენ ყავას შაქრით სვამ?
Do you drink water with ice?	ყინულიან წყალს სვამ?
There is a party here.	აქ ზეიმია.
People are drinking champagne.	ხალხი შამპანურს სვამს.
People are drinking wine and beer.	ხალხი ღვინოს და ლუდს სვამს.
Do you drink alcohol?	სვამ შენ ალკოჰოლს?
Do you drink whisky / whiskey *(am.)*?	სვამ შენ ვისკის?
Do you drink Coke with rum?	სვამ შენ კოლას რომით?
I do not like champagne.	მე არ მიყვარს შამპანური.
I do not like wine.	მე არ მიყვარს ღვინო.
I do not like beer.	მე არ მიყვარს ლუდი.
The baby likes milk.	თოთო ბავშვს უყვარს რძე.
The child likes cocoa and apple juice.	ბავშვს უყვარს კაკაო და ვაშლის წვენი.
The woman likes orange and grapefruit juice.	ქალს უყვარს ფორთოხლის და გრეიფრუტის წვენი.

13 [thirteen]

Activities

13 [ცამეტი]

საქმიანობა

What does Martha do?	რას საქმიანობს მართა?
She works at an office.	ის ოფისში მუშაობს.
She works on the computer.	ის კომპიუტერთან მუშაობს.
Where is Martha?	სად არის მართა?
At the cinema.	კინოში.
She is watching a film.	ის ფილმს უყურებს.
What does Peter do?	რას აკეთებს პეტერი?
He studies at the university.	ის უნივერსიტეტში სწავლობს.
He studies languages.	ის ენებს სწავლობს.
Where is Peter?	სად არის პეტერი?
At the café.	კაფეში.
He is drinking coffee.	ის ყავას სვამს.
Where do they like to go?	სად გიყვართ წასვლა?
To a concert.	კონცერტზე.
They like to listen to music.	თქვენ გიყვართ მუსიკის მოსმენა.
Where do they not like to go?	სად არ გიყვართ წასვლა?
To the disco.	დისკოთეკაზე.
They do not like to dance.	მათ არ უყვართ ცეკვა.

14 [fourteen]

Colors

14 [თოთხმეტი]

ფერები

Snow is white.
The sun is yellow.
The orange is orange.

The cherry is red.
The sky is blue.
The grass is green.

The earth is brown.
The cloud is grey / gray *(am.)*.
The tyres / tires *(am.)* are black.

What colour / color *(am.)* is the snow? White.
What colour / color *(am.)* is the sun? Yellow.
What colour / color *(am.)* is the orange? Orange.

What colour / color *(am.)* is the cherry? Red.
What colour / color *(am.)* is the sky? Blue.
What colour / color *(am.)* is the grass? Green.

What colour / color *(am.)* is the earth? Brown.
What colour / color *(am.)* is the cloud? Grey / Gray *(am.)*.
What colour / color *(am.)* are the tyres / tires *(am.)*? Black.

თოვლი თეთრია.
მზე ყვითელია.
ფორთოხალი ნარინჯისფერია.

ბალი წითელია.
ცა ცისფერია.
ბალახი მწვანეა.

მიწა ყავისფერია.
ღრუბელი ნაცრისფერია.
საბურავები შავია.

რა ფერია თოვლი? თეთრი.
რა ფერია მზე? ყვითელი.
რა ფერია ფორთოხალი? ნარინჯისფერი.

რა ფერია ბალი? წითელი.
რა ფერია ცა? ცისფერი.
რა ფერია ბალახი? მწვანე.

რა ფერია მიწა? ყავისფერი.
რა ფერია ღრუბელი? ნაცრისფერი.
რა ფერია საბურავები? შავი.

15 [fifteen]

Fruits and food

15 [თხუთმეტი]

ხილი და სურსათი

I have a strawberry.
I have a kiwi and a melon.
I have an orange and a grapefruit.

მე მაქვს მარწყვი.
მე მაქვს კივი და საზამთრო.
მე მაქვს ფორთოხალი და გრეიფრუტი.

I have an apple and a mango.
I have a banana and a pineapple.
I am making a fruit salad.

მე მაქვს ვაშლი და მანგო.
მე მაქვს ბანანი და ანანასი.
მე ვაკეთებ ხილის სალათს.

I am eating toast.
I am eating toast with butter.
I am eating toast with butter and jam.

მე ვჭამ ორცხობილას.
მე ვჭამ ორცხობილას კარაქით.
მე ვჭამ ორცხობილას კარაქით და ჯემით.

I am eating a sandwich.
I am eating a sandwich with margarine.
I am eating a sandwich with margarine and tomatoes.

მე ვჭამ სენდვიჩს.
მე ვჭამ სენდვიჩს მარგარინით.
მე ვჭამ სენდვიჩს მარგარინით და პომიდორით.

We need bread and rice.
We need fish and steaks.
We need pizza and spaghetti.

ჩვენ პური და ბრინჯი გვჭირდება.
ჩვენ თევზი და სტეიკი გვჭირდება.
ჩვენ პიცა და სპაგეტი გვჭირდება.

What else do we need?
We need carrots and tomatoes for the soup.
Where is the supermarket?

კიდევ რა გვჭირდება?
ჩვენ სუპისთვის სტაფილო და პომიდორი გვჭირდება.
სად არის სუპერმარკეტი?

16 [sixteen]

Seasons and Weather

16 [თექვსმეტი]

წელიწადის დროები და ამინდი

These are the seasons:	ეს არის წელიწადის დროები:
Spring, summer,	გაზაფხული, ზაფხული,
autumn / fall *(am.)* and winter.	შემოდგომა, ზამთარი.
The summer is warm.	ზაფხულში ცხელა.
The sun shines in summer.	ზაფხულში მზე ანათებს.
We like to go for a walk in summer.	ზაფხულში სასეირნოდ მივდივართ.
The winter is cold.	ზამთარი ცივია.
It snows or rains in winter.	ზამთარში თოვს ან წვიმს.
We like to stay home in winter.	ზამთარში სახლში ყოფნა გვიყვარს.
It is cold.	ცივა.
It is raining.	წვიმს.
It is windy.	ქარია.
It is warm.	თბილა.
It is sunny.	მზიანი ამინდია.
It is pleasant.	უღრუბლო ამინდია.
What is the weather like today?	დღეს როგორი ამინდია?
It is cold today.	დღეს ცივა.
It is warm today.	დღეს თბილა.

17 [seventeen]

Around the house

17 [ჩვიდმეტი]

სახლში

Our house is here.
The roof is on top.
The basement is below.

აქ არის ჩვენი სახლი.
ზემოთ სახურავია.
ქვემოთ სარდაფია.

There is a garden behind the house.
There is no street in front of the house.
There are trees next to the house.

სახლის უკან ბაღია.
სახლის წინ არ არის ქუჩა.
სახლის გვერდზე ხეებია.

My apartment is here.
The kitchen and bathroom are here.
The living room and bedroom are there.

აქ ჩემი ბინაა.
აქ არის სამზარეულო და აბაზანა.
იქ არის მისაღები და საძინებელი ოთახი.

The front door is closed.
But the windows are open.
It is hot today.

სახლის კარი დაკეტილია.
მაგრამ ფანჯრები ღიაა.
დღეს ცხელა.

We are going to the living room.
There is a sofa and an armchair there.
Please, sit down!

ჩვენ სასტუმრო ოთახში მივდივართ.
იქ არის დივანი და სავარძელი.
დაბრძანდით!

My computer is there.
My stereo is there.
The TV set is brand new.

იქ ჩემი კომპიუტერი დგას.
იქ ჩემი სტერეომოწყობილობა დგას.
ტელევიზორი სულ ახალია.

18 [eighteen]

House cleaning

18 [თვრამეტი]

სახლის დალაგება

Today is Saturday.	დღეს შაბათია.
We have time today.	დღეს დრო გვაქვს.
We are cleaning the apartment today.	დღეს ბინას ვალაგებთ.
I am cleaning the bathroom.	მე ვწმენდ აბაზანას.
My husband is washing the car.	ჩემი ქმარი რეცხავს მანქანას.
The children are cleaning the bicycles.	ბავშვები წმენდენ ველოსიპედებს.
Grandma is watering the flowers.	ბებია რწყავს ყვავილებს.
The children are cleaning up the children's room.	ბავშვები საბავშვო ოთახს ალაგებენ.
My husband is tidying up his desk.	ჩემი ქმარი თავის საწერ მაგიდას ალაგებს.
I am putting the laundry in the washing machine.	მე ვდებ სარეცხს სარეცხ მანქანაში.
I am hanging up the laundry.	მე ვფენ თეთრეულს.
I am ironing the clothes.	მე ვაუთოებ თეთრეულს.
The windows are dirty.	ფანჯრები ჭუჭყიანია.
The floor is dirty.	იატაკი ჭუჭყიანია.
The dishes are dirty.	ჭურჭელი ჭუჭყიანია.
Who washes the windows?	ვინ წმენდს ფანჯრებს?
Who does the vacuuming?	ვინ იღებს მტვერს მტვერსასრუტით?
Who does the dishes?	ვინ რეცხავს ჭურჭელს?

19 [nineteen]

In the kitchen

19 [ცხრამეტი]

სამზარეულოში

Do you have a new kitchen?
What do you want to cook today?
Do you cook on an electric or a gas stove?

შენ ახალი სამზარეულო გაქვს?
რისი მომზადება გინდა დღეს?
ელექტროღუმელზე ამზადებ თუ გაზზე?

Shall I cut the onions?
Shall I peel the potatoes?
Shall I rinse the lettuce?

დავჭრა ხახვი?
გავთალო კარტოფილი?
გავრეცხო სალათა?

Where are the glasses?
Where are the dishes?
Where is the cutlery / silverware *(am.)*?

სად არის ჭიქები?
სად არის ჭურჭელი?
სად არის დანა-ჩანგალი?

Do you have a can opener?
Do you have a bottle opener?
Do you have a corkscrew?

გაქვს კონსერვის გასახსნელი?
გაქვს ბოთლის გასახსნელი?
გაქვს საცობის ხრახნი?

Are you cooking the soup in this pot?
Are you frying the fish in this pan?
Are you grilling the vegetables on this grill?

სუფს ამ ქვაბში ამზადებ?
თევზს ამ ტაფაზე წვავ?
ბოსტნეულს ამ მაყალზე წვავ?

I am setting the table.
Here are the knives, the forks and the spoons.
Here are the glasses, the plates and the napkins.

მე სუფრას ვშლი.
აქ არის დანები, ჩანგლები და კოვზები.
აქ არის ჭიქები, თეფშები და ხელსახოცები.

20 [twenty]

Small Talk 1

20 [ოცი]

პატარა დიალოგი 1

Make yourself comfortable!	მყუდროდ მოეწყვეთ!
Please, feel right at home!	თავი ისე იგრძენით, როგორც სახლში!
What would you like to drink?	რას დალევთ?
Do you like music?	გიყვართ მუსიკა?
I like classical music.	მე მიყვარს კლასიკური მუსიკა.
These are my CD's.	აი, ჩემი დისკები.
Do you play a musical instrument?	უკრავთ რომელიმე ინსტრუმენტზე?
This is my guitar.	აი, ჩემი გიტარა.
Do you like to sing?	გიყვართ სიმღერა?
Do you have children?	ბავშვები თუ გყავთ?
Do you have a dog?	ძაღლი თუ გყავთ?
Do you have a cat?	კატა თუ გყავთ?
These are my books.	აი, ჩემი წიგნები.
I am currently reading this book.	ამჟამად ამ წიგნს ვკითხულობ.
What do you like to read?	რისი კითხვა გიყვართ?
Do you like to go to concerts?	გიყვართ კონცერტზე სიარული?
Do you like to go to the theatre / theater *(am.)*?	გიყვართ თეატრში სიარული?
Do you like to go to the opera?	გიყვართ ოპერაში სიარული?

21 [twenty-one]

Small Talk 2

21 [ოცდაერთი]

პატარა დიალოგი 2

Where do you come from?
From Basel.
Basel is in Switzerland.

May I introduce Mr. Miller?
He is a foreigner.
He speaks several languages.

Are you here for the first time?
No, I was here once last year.
Only for a week, though.

How do you like it here?
A lot. The people are nice.
And I like the scenery, too.

What is your profession?
I am a translator.
I translate books.

Are you alone here?
No, my wife / my husband is also here.
And those are my two children.

სადაური ხართ?
ბაზელიდან.
ბაზელი შვეიცარიაშია.

შეიძლება ბატონი მიულერი წარმოგიდგინოთ?
ის უცხოელია.
ის რამდენიმე ენას ფლობს.

აქ პირველად ხართ?
არა, აქ შარშან უკვე ვიყავი.
მაგრამ მხოლოდ ერთი კვირით.

როგორ მოგწონთ ჩვენთან?
ძალიან. აქ ძალიან სასიამოვნო ხალხია.
და ბუნებაც მომწონს.

რა პროფესიის ხართ?
მე თარჯიმანი ვარ.
მე წიგნებს ვთარგმნი.

თქვენ აქ მარტო ხართ?
არა, ჩემი ცოლიც/ ჩემი ქმარიც აქ არის.
იქ კი ჩემი ორივე შვილია.

22 [twenty-two]

Small Talk 3

22 [ოცდაორი]

პატარა დიალოგი 3

Do you smoke?	ეწევით?
I used to.	ადრე ვეწეოდი.
But I don't smoke anymore.	მაგრამ ახლა აღარ ვეწევი.
Does it disturb you if I smoke?	გაწუხებთ, რომ ვეწევი?
No, absolutely not.	საერთოდ არა.
It doesn't disturb me.	არ მაწუხებს.
Will you drink something?	დალევთ რამეს?
A brandy?	კონიაკს?
No, preferably a beer.	არა, ლუდი მირჩევნია.
Do you travel a lot?	ბევრს მოგზაურობთ?
Yes, mostly on business trips.	დიახ, ხშირად მაქვს მივლინებები.
But now we're on holiday.	მაგრამ ახლა აქ შვებულება გვაქვს.
It's so hot!	რა სიცხეა!
Yes, today it's really hot.	დიახ, დღეს ნამდვილად ცხელა.
Let's go to the balcony.	გავიდეთ აივანზე?
There's a party here tomorrow.	ხვალ აქ ზეიმი იქნება.
Are you also coming?	თქვენც მოხვალთ?
Yes, we've also been invited.	დიახ, ჩვენც დაგვპატიჟეს.

23 [twenty-three]

Learning foreign languages

23 [ოცდასამი]

უცხო ენების სწავლა

Where did you learn Spanish?	სად ისწავლეთ ესპანური?
Can you also speak Portuguese?	პორტუგალიურიც იცით?
Yes, and I also speak some Italian.	დიახ, და ცოტა იტალიურსაც ვფლობ.
I think you speak very well.	მე ვფიქრობ, თქვენ ძალიან კარგად ლაპარაკობთ.
The languages are quite similar.	ეს ენები საკმაოდ ჰგავს ერთმანეთს.
I can understand them well.	ისინი მე კარგად მესმის.
But speaking and writing is difficult.	მაგრამ ლაპარაკი და წერა ძნელია.
I still make many mistakes.	მე ჯერ კიდევ ბევრ შეცდომას ვუშვებ.
Please correct me each time.	თუ შეიძლება, ყოველთვის შემისწორეთ.
Your pronunciation is very good.	თქვენ ძალიან კარგი გამოთქმა გაქვთ.
You only have a slight accent.	თქვენ ცოტა აქცენტი გაქვთ.
One can tell where you come from.	ნათელია, სადაურიც ხართ.
What is your mother tongue / native language *(am.)*?	რომელია თქვენი მშობლიური ენა?
Are you taking a language course?	ენის კურსზე დადიხართ?
Which textbook are you using?	რომელი სახელმძღვანელოთი სარგებლობთ?
I don't remember the name right now.	ახლა არ მახსოვს რა ჰქვია.
The title is not coming to me.	სათაური არ მახსენდება.
I've forgotten it.	დამავიწყდა.

24 [twenty-four]

Appointment

24 [ოცდაოთხი]

შეთანხმება

Did you miss the bus?
I waited for you for half an hour.
Don't you have a mobile / cell phone *(am.)* with you?

ავტობუსზე ხომ არ დაგაგვიანდა?
მე შენ ნახევარი საათი გელოდე.
მობილური თან არ გაქვს?

Be punctual next time!
Take a taxi next time!
Take an umbrella with you next time!

გთხოვ მომავალში არ დაიგვიანო!
შემდეგში ტაქსით წამოდი!
შემდეგში ქოლგა წამოიღე!

I have the day off tomorrow.
Shall we meet tomorrow?
I'm sorry, I can't make it tomorrow.

ხვალ თავისუფალი დღე მაქვს.
ხვალ ხომ არ შევხვდეთ?
ვწუხვარ, ხვალ არ შემიძლია.

Do you already have plans for this weekend?
Or do you already have an appointment?
I suggest that we meet on the weekend.

ამ შაბათ-კვირას უკვე დაგეგმე რამე?
უკვე შეთანხმებული ხარ?
მე გთავაზობ, რომ შაბათ-კვირას შევხვდეთ.

Shall we have a picnic?
Shall we go to the beach?
Shall we go to the mountains?

პიკნიკი ხომ არ მოვაწყოთ?
სანაპიროზე ხომ არ წავიდეთ?
მთაში ხომ არ წავიდეთ?

I will pick you up at the office.
I will pick you up at home.
I will pick you up at the bus stop.

ოფისში გამოგივლი.
სახლში გამოგივლი.
ავტობუსის გაჩერებაზე გამოგივლი.

25 [twenty-five]

In the city

25 [ოცდახუთი]

ქალაქში

I would like to go to the station.
I would like to go to the airport.
I would like to go to the city centre / center *(am.)*.

How do I get to the station?
How do I get to the airport?
How do I get to the city centre / center *(am.)*?

I need a taxi.
I need a city map.
I need a hotel.

I would like to rent a car.
Here is my credit card.
Here is my licence / license *(am.)*.

What is there to see in the city?
Go to the old city.
Go on a city tour.

Go to the harbour / harbor *(am.)*.
Go on a harbour / harbor *(am.)* tour.
Are there any other places of interest?

სადგურზე მინდა.
აეროპორტში მინდა.
ქალაქის ცენტრში მინდა.

როგორ მივიდე სადგურამდე?
როგორ მივიდე აეროპორტამდე?
როგორ მივიდე ქალაქის ცენტრამდე?

ტაქსი მჭირდება.
ქალაქის რუკა მჭირდება.
სასტუმრო მჭირდება.

მინდა მანქანა ვიქირავო.
აი, ჩემი საკრედიტო ბარათი.
აი, ჩემი მართვის მოწმობა.

რა არის ქალაქში სანახავი?
წადით ძველ ქალაქში!
მოაწყვეთ ექსკურსია ქალაქში!

წადით ნავსადგურში!
მოაწყვეთ ექსკურსია ნავსადგურში!
კიდევ რა სანახაობებია?

26 [twenty-six]

In nature

26 [ოცდაექვსი]

ბუნებაში

Do you see the tower there?	ხედავ იქ კოშკს?
Do you see the mountain there?	ხედავ იქ მთას?
Do you see the village there?	ხედავ იქ სოფელს?
Do you see the river there?	ხედავ იქ მდინარეს?
Do you see the bridge there?	ხედავ იქ ხიდს?
Do you see the lake there?	ხედავ იქ ტბას?
I like that bird.	ის ჩიტი მომწონს.
I like that tree.	ის ხე მომწონს.
I like this stone.	ეს ქვა მომწონს.
I like that park.	ის პარკი მომწონს.
I like that garden.	ის ბაღი მომწონს.
I like this flower.	ეს ყვავილი მომწონს.
I find that pretty.	ვფიქრობ, ეს მშვენიერია.
I find that interesting.	ვფიქრობ, ეს საინტერესოა.
I find that gorgeous.	ვფიქრობ, ეს ძალიან ლამაზია.
I find that ugly.	ვფიქრობ, ეს უშნოა.
I find that boring.	ვფიქრობ, ეს მოსაწყენია.
I find that terrible.	ვფიქრობ, ეს საშინელია.

27 [twenty-seven]

In the hotel – Arrival

27 [ოცდაშვიდი]

სასტუმროში – ჩამოსვლა

Do you have a vacant room?
I have booked a room.
My name is Miller.

I need a single room.
I need a double room.
What does the room cost per night?

I would like a room with a bathroom.
I would like a room with a shower.
Can I see the room?

Is there a garage here?
Is there a safe here?
Is there a fax machine here?

Fine, I'll take the room.
Here are the keys.
Here is my luggage.

What time do you serve breakfast?
What time do you serve lunch?
What time do you serve dinner?

თავისუფალი ოთახი ხომ არ გაქვთ?
ოთახი მაქვს დაჯავშნული.
ჩემი გვარია მიულერი.

ერთადგილიანი ოთახი მჭირდება.
ორადგილიანი ოთახი მჭირდება.
რა ღირს ოთახი ერთი ღამით?

ოთახი მინდა აბაზანით.
ოთახი მინდა შხაპით.
შეიძლება ოთახი ვნახო?

არის აქ ავტოსადგომი?
არის აქ სეიფი?
არის აქ ფაქსი?

კარგით, ავიღებ ამ ოთახს.
აი, გასაღები.
აი, ჩემი ბარგი.

რომელ საათზეა საუზმე?
რომელ საათზეა სადილი?
რომელ საათზეა ვახშამი?

28 [twenty-eight]

In the hotel – Complaints

28 [ოცდარვა]

სასტუმროში – საჩივარი

The shower isn't working.	შხაპი არ მუშაობს.
There is no warm water.	თბილი წყალი არ მოდის.
Can you get it repaired?	შეგიძლიათ შეაკეთებინოთ?
There is no telephone in the room.	ოთახში ტელეფონი არ არის.
There is no TV in the room.	ოთახში ტელევიზორი არ არის.
The room has no balcony.	ოთახს აივანი არ აქვს.
The room is too noisy.	ოთახი ძალიან ხმაურიანია.
The room is too small.	ოთახი ძალიან პატარაა.
The room is too dark.	ოთახი ძალიან ბნელია.
The heater isn't working.	გათბობა არ მუშაობს.
The air-conditioning isn't working.	კონდიციონერი არ მუშაობს.
The TV isn't working.	ტელევიზორი გაფუჭებულია.
I don't like that.	ეს არ მომწონს.
That's too expensive.	ეს ჩემთვის ძალიან ძვირია.
Do you have anything cheaper?	გაქვთ რამე უფრო იაფი?
Is there a youth hostel nearby?	არის აქ სადმე ახლოს ახალგაზრდული სასტუმრო?
Is there a boarding house / a bed and breakfast nearby?	არის აქ სადმე ახლოს პანსიონატი?
Is there a restaurant nearby?	არის აქ სადმე ახლოს რესტორანი?

29 [twenty-nine]

At the restaurant 1

29 [ოცდაცხრა]

რესტორანში 1

Is this table taken?
I would like the menu, please.
What would you recommend?

I'd like a beer.
I'd like a mineral water.
I'd like an orange juice.

I'd like a coffee.
I'd like a coffee with milk.
With sugar, please.

I'd like a tea.
I'd like a tea with lemon.
I'd like a tea with milk.

Do you have cigarettes?
Do you have an ashtray?
Do you have a light?

I'm missing a fork.
I'm missing a knife.
I'm missing a spoon.

მაგიდა თავისუფალია?
მენიუ მინდა, თუ შეიძლება.
რას მირჩევთ?

ერთი ლუდი, თუ შეიძლება.
ერთი მინერალურ წყალი, თუ შეიძლება.
ერთი ფორთოხლის წვენი, თუ შეიძლება.

ერთი ყავა, თუ შეიძლება.
რძიან ყავას დავლევდი.
შაქრით, თუ შეიძლება!

ერთი ჩაი, თუ შეიძლება.
მე მინდა ჩაი ლიმონით.
მე მინდა ჩაი რძით.

სიგარეტი ხომ არ გაქვთ?
გაქვთ საფერფლე?
გაქვთ ცეცხლი?

მე არ მაქვს ჩანგალი.
მე არ მაქვს დანა.
მე არ მაქვს კოვზი.

30 [thirty]

At the restaurant 2

30 [ოცდაათი]

რესტორანში 2

An apple juice, please.	ვაშლის წვენი, თუ შეიძლება.
A lemonade, please.	ლიმონათი, თუ შეიძლება.
A tomato juice, please.	პომიდორის წვენი, თუ შეიძლება.
I'd like a glass of red wine.	ერთ ჭიქა წითელ ღვინოს დავლევდი.
I'd like a glass of white wine.	ერთ ჭიქა თეთრ ღვინოს დავლევდი.
I'd like a bottle of champagne.	ერთ ბოთლ შამპანურს დავლევდი.
Do you like fish?	გიყვარს თევზი?
Do you like beef?	გიყვარს საქონლის ხორცი?
Do you like pork?	გიყვარს ღორის ხორცი?
I'd like something without meat.	მე მინდა რამე ხორცის გარეშე.
I'd like some mixed vegetables.	მე მინდა ბოსტნეულის კერძი.
I'd like something that won't take much time.	მე მინდა რამე, რაც სწრაფად მზადდება.
Would you like that with rice?	ბრინჯით გნებავთ?
Would you like that with pasta?	მაკარონით გნებავთ?
Would you like that with potatoes?	კარტოფილით გნებავთ?
That doesn't taste good.	ეს არ მომწონს.
The food is cold.	კერძი ცივია.
I didn't order this.	ეს არ შემიკვეთავს.

31 [thirty-one]

At the restaurant 3

31
[ოცდათერთმეტი]

რესტორანში 3

I would like a starter.
I would like a salad.
I would like a soup.

ცივი კერძი მსურს.
სალათა მსურს.
სუპი მსურს.

I would like a dessert.
I would like an ice cream with whipped cream.
I would like some fruit or cheese.

დესერტი მინდა.
ნაყინი მინდა ნაღებით.
მე მინდა ხილი ან ყველი.

We would like to have breakfast.
We would like to have lunch.
We would like to have dinner.

ჩვენ საუზმე გვინდა.
ჩვენ სადილი გვინდა.
ჩვენ ვახშამი გვინდა.

What would you like for breakfast?
Rolls with jam and honey?
Toast with sausage and cheese?

რას ისურვებთ საუზმეზე?
ფუნთუშას ჯემით და თაფლით?
ორცხობილას ძეხვით და ყველით?

A boiled egg?
A fried egg?
An omelette?

მოხარშული კვერცხი?
ერბო კვერცხი?
ომლეტი?

Another yoghurt, please.
Some salt and pepper also, please.
Another glass of water, please.

თუ შეიძლება, კიდევ ერთი იოგურტი.
თუ შეიძლება, კიდევ მარილი და პილპილი.
თუ შეიძლება, კიდევ ერთი ჭიქა წყალი.

32 [thirty-two]

At the restaurant 4

32 [ოცდათორმეტი]

რესტორანში 4

I'd like chips / French fries *(am.)* with ketchup.	ერთი კარტოფილი (ფრი) კეჩუპით.
And two with mayonnaise.	და ორჯერ – მაიონეზით.
And three sausages with mustard.	სამი შემწვარი სოსისი მდოგვით.
What vegetables do you have?	რა ბოსტნეული გაქვთ?
Do you have beans?	ლობიო ხომ არ გაქვთ?
Do you have cauliflower?	ყვავილოვანი კომბოსტო ხომ არ გაქვთ?
I like to eat (sweet) corn.	მიყვარს სიმინდი.
I like to eat cucumber.	მიყვარს კიტრი.
I like to eat tomatoes.	მიყვარს პომიდორი.
Do you also like to eat leek?	პრასიც გიყვართ?
Do you also like to eat sauerkraut?	მჟავე კომბოსტოც გიყვართ?
Do you also like to eat lentils?	ოსპიც გიყვართ?
Do you also like to eat carrots?	სტაფილოც გიყვარს?
Do you also like to eat broccoli?	ბროკოლიც გიყვარს?
Do you also like to eat peppers?	წიწაკაც გიყვარს?
I don't like onions.	არ მიყვარს ხახვი.
I don't like olives.	არ მიყვარს ზეთისხილი.
I don't like mushrooms.	არ მიყვარს სოკო.

33 [thirty-three]

At the train station

33 [ოცდაცამეტი]

სადგურში

When is the next train to Berlin?
When is the next train to Paris?
When is the next train to London?

When does the train for Warsaw leave?
When does the train for Stockholm leave?
When does the train for Budapest leave?

I'd like a ticket to Madrid.
I'd like a ticket to Prague.
I'd like a ticket to Bern.

When does the train arrive in Vienna?
When does the train arrive in Moscow?
When does the train arrive in Amsterdam?

Do I have to change trains?
From which platform does the train leave?
Does the train have sleepers?

I'd like a one-way ticket to Brussels.
I'd like a return ticket to Copenhagen.
What does a berth in the sleeper cost?

როდის გადის შემდეგი მატარებელი ბერლინისკენ?
როდის გადის შემდეგი მატარებელი პარიზისკენ?
როდის გადის შემდეგი მატარებელი ლონდონისკენ?

რომელ საათზე გადის მატარებელი ვარშავისკენ?
რომელ საათზე გადის მატარებელი სტოკჰოლმისკენ?
რომელ საათზე გადის მატარებელი ბუდაპეშტისკენ?

ერთი ბილეთი მადრიდამდე, თუ შეიძლება.
ერთი ბილეთი პრაღამდე, თუ შეიძლება.
ერთი ბილეთი ბერნამდე, თუ შეიზლება.

როდის ჩადის მატარებელი ვენაში?
როდის ჩადის მატარებელი მოსკოვში?
როდის ჩადის მატარებელი ამსტერდამში?

უნდა გადავჯდე?
რომელი ბაქანიდან გადის მატარებელი?
არის მატარებელში საძინებელი ვაგონი?

მხოლოდ ბრიუსელამდე მინდა მგზავრობა.
კოპენჰაგენიდან დასაბრუნებელი ბილეთი მინდა.
რა ღირს ერთი ადგილი საძინებელ ვაგონში?

34 [thirty-four]

On the train

34 [ოცდათოთხმეტი]

მატარებელში

Is that the train to Berlin?	ეს ბერლინის მატარებელია?
When does the train leave?	როდის გადის მატარებელი?
When does the train arrive in Berlin?	როდის ჩადის მატარებელი ბერლინში?
Excuse me, may I pass?	მაპატიეთ, შეიძლება გავიარო?
I think this is my seat.	მგონი, ეს ჩემი ადგილია.
I think you're sitting in my seat.	მგონი, თქვენ ჩემს ადგილზე ზიხართ.
Where is the sleeper?	სად არის საძინებელი ვაგონი?
The sleeper is at the end of the train.	დასაძინებელი ვაგონი მატარებლის ბოლოშია.
And where is the dining car? – At the front.	და სად არის სასადილო ვაგონი? – დასაწყისში.
Can I sleep below?	შეიძლება ქვემოთ დავიძინო?
Can I sleep in the middle?	შეიძლება შუაში დავიძინო?
Can I sleep at the top?	შეიძლება ზემოთ დავიძინო?
When will we get to the border?	როდის მივალთ საზღვართან?
How long does the journey to Berlin take?	რამდენ ხანს გრძელდება მგზავრობა ბერლინამდე?
Is the train delayed?	მატარებელი იგვიანებს?
Do you have something to read?	გაქვთ რამე საკითხავი?
Can one get something to eat and to drink here?	შეიძლება აქ რამე საჭმელის ან სასმელის ყიდვა?
Could you please wake me up at 7 o'clock?	შეგიძლიათ 7.00 საათზე გამაღვიძოთ?

35 [thirty-five]

At the airport

35
[ოცდათხუთმეტი]

აეროპორტში

I'd like to book a flight to Athens.
Is it a direct flight?
A window seat, non-smoking, please.

I would like to confirm my reservation.
I would like to cancel my reservation.
I would like to change my reservation.

When is the next flight to Rome?
Are there two seats available?
No, we have only one seat available.

When do we land?
When will we be there?
When does a bus go to the city centre / center *(am.)*?

Is that your suitcase?
Is that your bag?
Is that your luggage?

How much luggage can I take?
Twenty kilos.
What? Only twenty kilos?

მინდა დავჯავშნო ფრენა ათენში.
ეს პირდაპირი ფრენაა?
თუ შეიძლება ადგილი ფანჯარასთან, არამწეველთათვის

ჩემი ჯავშნის დადასტურება მსურს.
ჩემი ჯავშნის გაუქმება მსურს.
ჩემი ჯავშნის შეცვლა მსურს.

როდის არის შემდეგი ფრენა რომში?
არის კიდევ ორი ადგილი თავისუფალი?
არა, ჩვენ მხოლოდ ერთი ადგილი გვაქვს თავისუფალი.

როდის დავეშვებით?
როდის ჩავალთ?
როდის გადის ავტობუსი ქალაქის ცენტრში?

ეს თქვენი ჩემოდანია?
ეს თქვენი ჩანთაა?
ეს თქვენი ბარგია?

რამდენი ბარგის წაღება შემიძლია?
ოცი კილო.
როგორ, მხოლოდ ოცი კილო?

36 [thirty-six]

Public transportation

36 [ოცდათექვსმეტი]

საზოგადოებრივი ტრანსპორტი

Where is the bus stop?	სად არის ავტობუსის გაჩერება?
Which bus goes to the city centre / center *(am.)*?	რომელი ავტობუსი მიდის ცენტრში?
Which bus do I have to take?	რომელი ხაზით უნდა ვიმგზავრო?
Do I have to change?	უნდა გადავჯდე?
Where do I have to change?	სად უნდა გადავჯდე?
How much does a ticket cost?	რა ღირს ერთი ბილეთი?
How many stops are there before downtown / the city centre?	რამდენი გაჩერებაა ცენტრამდე?
You have to get off here.	აქ უნდა ჩაბრძანდეთ.
You have to get off at the back.	უკნიდან უნდა ჩაბრძანდეთ.
The next train is in 5 minutes.	მეტროს შემდეგი მატარებელი 5 წუთში მოვა.
The next tram is in 10 minutes.	შემდეგი ტრამვაი 10 წუთში მოვა.
The next bus is in 15 minutes.	შემდეგი ავტობუსი 15 წუთში მოვა.
When is the last train?	როდის გადის მეტროს ბოლო მატარებელი?
When is the last tram?	როდის გადის ბოლო ტრამვაი?
When is the last bus?	როდის გადის ბოლო ავტობუსი?
Do you have a ticket?	გაქვთ ბილეთი?
A ticket? – No, I don't have one.	ბილეთი? -არა, არ მაქვს.
Then you have to pay a fine.	მაშინ ჯარიმა უნდა გადაიხადოთ!

37 [thirty-seven]

En route

37 [ოცდაჩვიდმეტი]

გზაში

He drives a motorbike.
He rides a bicycle.
He walks.

ის მოტოციკლით მგზავრობს.
ის ველოსიპედით დადის.
ის ფეხით დადის.

He goes by ship.
He goes by boat.
He swims.

ის გემით მგზავრობს.
ის ნავით მგზავრობს.
ის ცურავს.

Is it dangerous here?
Is it dangerous to hitchhike alone?
Is it dangerous to go for a walk at night?

აქ საშიშია?
საშიშია მარტო ვინმეს დაემგზავრო?
საშიშია ღამით სეირნობა?

We got lost.
We're on the wrong road.
We must turn around.

ჩვენ გზა აგვებნა.
ჩვენ არასწორი გზით მივდივართ.
უნდა დავბრუნდეთ.

Where can one park here?
Is there a parking lot here?
How long can one park here?

სად შეიძლება აქ მანქანის გაჩერება?
არის აქ ავტოსადგომი?
რამდენ ხანს შეიძლება აქ გაჩერება?

Do you ski?
Do you take the ski lift to the top?
Can one rent skis here?

სრიალებთ თხილამურებით?
ზემოთ საბაგიროთი ადიხართ?
შეიძლება აქ თხილამურების დაქირავება?

38 [thirty-eight]

In the taxi

38 [ოცდათვრამეტი]

ტაქსში

Please call a taxi.	გამოიძახეთ ტაქსი თუ შეიძელება.
What does it cost to go to the station?	რა ღირს სადგურამდე მისვლა?
What does it cost to go to the airport?	რა ღირს აეროპორტამდე მისვლა?
Please go straight ahead.	თუ შეიძლება – პირდაპირ.
Please turn right here.	თუ შეიძლება, აქ მარჯვნივ.
Please turn left at the corner.	თუ შეიძლება, იქ კუთხეში მარცხნივ.
I'm in a hurry.	მეჩქარება.
I have time.	დრო მაქვს.
Please drive slowly.	თუ შეიძლება, უფრო ნელა იარეთ!
Please stop here.	აქ გაჩერდით, თუ შეიძლება.
Please wait a moment.	დამელოდეთ ერთი წუთი, თუ შეიძლება.
I'll be back immediately.	მალე დავბრუნდები.
Please give me a receipt.	თუ შეიძლება ქვითარი მომეცით.
I have no change.	მე არ მაქვს ხურდა ფული.
That is okay, please keep the change.	მადლობა, ხურდა დაიტოვეთ!
Drive me to this address.	ამ მისამართზე წამიყვანეთ.
Drive me to my hotel.	წამიყვანეთ ჩემს სასტუმროში.
Drive me to the beach.	წამიყვანეთ პლაჟზე.

39 [thirty-nine]

Car breakdown

39 [ოცდაცხრამეტი]

ავარია

Where is the next gas station?
I have a flat tyre / tire *(am.)*.
Can you change the tyre / tire *(am.)*?

I need a few litres /liters *(am.)* of diesel.
I have no more petrol / gas *(am.)*.
Do you have a petrol can / jerry can / gas can *(am.)*?

Where can I make a call?
I need a towing service.
I'm looking for a garage.

An accident has occurred.
Where is the nearest telephone?
Do you have a mobile / cell phone *(am.)* with you?

We need help.
Call a doctor!
Call the police!

Your papers, please.
Your licence / license *(am.)*, please.
Your registration, please.

სად არის უახლოესი ბენზინგასამართი სადგური?
საბურავი დამეშვა.
შეგიძლიათ საბურავი გამოცვალოთ?

მჭირდება რამდენიმე ლიტრი დიზელი.
ბენზინი აღარ მაქვს.
გაქვთ სათადარიგო კანისტრი?

საიდან შეიძლება დავრეკო?
ევაკუატორი მჭირდება.
ვულკანიზაციას ვეძებ.

ავარია მოხდა.
სად არის უახლოესი ტელეფონი?
თან ხომ არ გაქვთ მობილური ტელეფონი?

ჩვენ დახმარება გვჭირდება.
გამოიძახეთ ექიმი!
გამოიძახეთ პოლიცია!

თქვენი საბუთები, თუ შეიძლება.
თქვენი მართვის მოწმობა, თუ შეიძლება.
თქვენი სატვირთო ავტომობილის მოწმობა, თუ შეიძლება.

40 [forty]	40 [ორმოცი]
Asking for directions	გზის გაკვლევა

Excuse me!	მაპატიეთ!
Can you help me?	შეგიძლიათ დამეხმაროთ?
Is there a good restaurant around here?	სად არის აქ კარგი რესტორანი?
Take a left at the corner.	მიბრძანდით მარცხნივ, შესახვევში.
Then go straight for a while.	შემდეგ ცოტა ხანს პირდაპირ იარეთ.
Then go right for a hundred metres / meters *(am.)*.	შემდეგ ას მეტრში მარჯვნივ.
You can also take the bus.	შეგიძლიათ ავტობუსითაც წახვიდეთ.
You can also take the tram.	შეგიძლიათ ტრამვაითაც წახვიდეთ.
You can also follow me with your car.	შეგიძლიათ მე გამომყვეთ.
How do I get to the football / soccer *(am.)* stadium?	როგორ მივიდე სტადიონამდე?
Cross the bridge!	ხიდი უნდა გადაკვეთოთ!
Go through the tunnel!	გვირაბში უნდა გაიაროთ!
Drive until you reach the third traffic light.	მიდით მესამე შუქნიშნამდე.
Then turn into the first street on your right.	შემდეგ შეუხვიეთ პირველივე ქუჩაზე მარჯვნივ.
Then drive straight through the next intersection.	შემდეგ წადით პირდაპირ, შემდეგი გზაჯვარედინის გავლით.
Excuse me, how do I get to the airport?	უკაცრავად, როგორ მივიდე აეროპორტამდე?
It is best if you take the underground / subway *(am.)*.	უმჯობესია მეტროთი.
Simply get out at the last stop.	იმგზავრეთ ბოლო გაჩერებამდე.

41 [forty-one]

Where is … ?

41 [ორმოცდაერთი]

ორიენტაცია

Where is the tourist information office?	სად არის ტურისტული ცენტრი?
Do you have a city map for me?	ქალაქის რუკა ხომ არ გაქვთ?
Can one reserve a room here?	შეიძლება აქ სასტუმროს დაჯავშნა?
Where is the old city?	სად არის ძველი ქალაქი?
Where is the cathedral?	სად არის ტაძარი?
Where is the museum?	სად არის მუზეუმი?
Where can one buy stamps?	სად იყიდება საფოსტო მარკები?
Where can one buy flowers?	სად იყიდება ყვავილები?
Where can one buy tickets?	სად იყიდება სამგზავრო ბილეთები?
Where is the harbour / harbor *(am.)*?	სად არის ნავსადგური?
Where is the market?	სად არის ბაზარი?
Where is the castle?	სად არის სასახლე?
When does the tour begin?	როდის იწყება ექსკურსია?
When does the tour end?	როდის მთავრდება ექსკურსია?
How long is the tour?	რამდენ ხანს გრძელდება ექსკურსია?
I would like a guide who speaks German.	მინდა გიდი, რომელიც გერმანულად ლაპარაკობს.
I would like a guide who speaks Italian.	მინდა გიდი, რომელიც იტალიურად ლაპარაკობს.
I would like a guide who speaks French.	მინდა გიდი, რომელიც ფრანგულად ლაპარაკობს.

42 [forty-two]

City tour

42 [ორმოცდაორი]

ქალაქის დათვალიერება

Is the market open on Sundays?
Is the fair open on Mondays?
Is the exhibition open on Tuesdays?

ღიაა ბაზარი კვირაობით?
ღიაა გამოფენა კვირაობით?
ღიაა გამოფენა სამშაბათობით?

Is the zoo open on Wednesdays?
Is the museum open on Thursdays?
Is the gallery open on Fridays?

ღიაა ზოოპარკი ოთხშაბათობით?
ღიაა მუზეუმი ხუთშაბათობით?
ღიაა გალერეა პარასკევობით?

Can one take photographs?
Does one have to pay an entrance fee?
How much is the entrance fee?

ფოტოს გადაღება შეიძლება?
შესვლისთვის უნდა გადავიხადო?
რა ღირს შესვლა?

Is there a discount for groups?
Is there a discount for children?
Is there a discount for students?

არის ფასდაკლება ჯგუფისთვის?
არის ფასდაკლება ბავშვებისთვის?
არის ფასდაკლება სტუდენტებისთვის?

What building is that?
How old is the building?
Who built the building?

ეს რა შენობაა?
ეს შენობა რა ხნისაა?
ეს შენობა ვინ ააშენა?

I'm interested in architecture.
I'm interested in art.
I'm interested in paintings.

მე არქიტექტურა მაინეტერესებს.
მე ხელოვნება მაინტერესებს.
მე მხატვრობა მაინტერესებს.

43 [forty-three]

43 [ორმოცდასამი]

At the zoo

ზოოპარკში

The zoo is there.
The giraffes are there.
Where are the bears?

ზოოპარკი იქ არის.
ჟირაფები იქ არიან.
სად არიან დათვები?

Where are the elephants?
Where are the snakes?
Where are the lions?

სად არიან სპილოები?
სად არიან გველები?
სად არიან ლომები?

I have a camera.
I also have a video camera.
Where can I find a battery?

მე ფოტოაპარატი მაქვს.
მე ვიდეოკამერაც მაქვს.
სად არის ელემენტი?

Where are the penguins?
Where are the kangaroos?
Where are the rhinos?

სად არიან პინგვინები?
სად არიან კენგურუები?
სად არიან მარტორქები?

Where is the toilet / restroom *(am.)*?
There is a café over there.
There is a restaurant over there.

სად არის ტუალეტი?
კაფე იქ არის.
რესტორანი იქ არის.

Where are the camels?
Where are the gorillas and the zebras?
Where are the tigers and the crocodiles?

სად არიან აქლემები?
სად არიან გორილები და ზებრები?
სად არიან ვეფხვები და ნიანგები?

44 [forty-four]

Going out in the evening

44 [ორმოცდაოთხი]

საღამოს გასეირნება

Is there a disco here?	არის აქ დისკოთეკა?
Is there a nightclub here?	არის აქ ღამის კლუბი?
Is there a pub here?	არის აქ კაფე?
What's playing at the theatre / theater *(am.)* this evening?	რა გადის დღეს საღამოს თეატრში?
What's playing at the cinema / movies *(am.)* this evening?	რა გადის დღეს საღამოს კინოში?
What's on TV this evening?	რა გადის დღეს საღამოს ტელევიზორში?
Are tickets for the theatre / theater *(am.)* still available?	არის კიდევ თეატრის ბილეთები?
Are tickets for the cinema / movies *(am.)* still available?	არის კიდევ კინოს ბილეთები?
Are tickets for the football / soccer *am.* game still available?	არის კიდევ ფეხბურთის ბილეთები?
I want to sit in the back.	სულ უკან მინდა ჯდომა.
I want to sit somewhere in the middle.	სადმე შუაში მინდა ჯდომა.
I want to sit at the front.	სულ წინ მინდა ჯდომა.
Could you recommend something?	შეგიძლიათ რამე მირჩიოთ?
When does the show begin?	როდის იწყება წარმოდგენა?
Can you get me a ticket?	შეგიძლიათ ერთი ბილეთი მიშოვნოთ?
Is there a golf course nearby?	არის აქ, ახლოს გოლფის მოედანი?
Is there a tennis court nearby?	არის აქ, ახლოს ტენისის მოედანი?
Is there an indoor swimming pool nearby?	არის აქ, ახლოს საცურაო აუზი?

45 [forty-five]

At the cinema

45 [ორმოცდახუთი]

კინოში

We want to go to the cinema.	ჩვენ კინოში წასვლა გვინდა.
A good film is playing today.	დღეს კარგი ფილმი გადის.
The film is brand new.	ეს ახალი ფილმია.
Where is the cash register?	სად არის სალარო?
Are seats still available?	არის კიდევ თავისუფალი ადგილები?
How much are the admission tickets?	რა ღირს ბილეთები?
When does the show begin?	როდის იწყება წარმოდგენა?
How long is the film?	რამდენ ხანს გრძელდება ფილმი?
Can one reserve tickets?	შეიძლება ბილეთების დაჯავშნა?
I want to sit at the back.	უკან ჯდომა მინდა.
I want to sit at the front.	წინ ჯდომა მინდა.
I want to sit in the middle.	შუაში ჯდომა მინდა.
The film was exciting.	ფილმი საინტერესო იყო.
The film was not boring.	ფილმი არ იყო მოსაწყენი.
But the book on which the film was based was better.	მაგრამ წიგნი ფილმს სჯობდა.
How was the music?	როგორი იყო მუსიკა?
How were the actors?	როგორები იყვნენ მსახიობები?
Were there English subtitles?	იყო ტიტრები ინგლისურ ენაზე?

46 [forty-six]

n the discotheque

46 [ორმოცდაექვსი]

დისკოთეკაზე

Is this seat taken?	ეს ადგილი თავისუფალია?
May I sit with you?	შეიძლება თქვენთან დავჯდე?
Sure.	სიამოვნებით.
How do you like the music?	როგორ მოგწონთ მუსიკა?
A little too loud.	ცოტა ხმაურიანია.
But the band plays very well.	მაგრამ ეს ჯგუფი კარგად უკრავს.
Do you come here often?	აქ ხშირად ხართ?
No, this is the first time.	არა, პირველად.
I've never been here before.	აქ არასდროს ვყოფილვარ.
Would you like to dance?	ცეკვავთ?
Maybe later.	ალბათ მოგვიანებით.
I can't dance very well.	კარგად ვერ ვცეკვავ.
It's very easy.	ეს ძალიან ადვილია.
I'll show you.	გაჩვენებთ.
No, maybe some other time.	არა, სჯობს სხვა დროს.
Are you waiting for someone?	ვინმეს ელოდებით?
Yes, for my boyfriend.	დიახ, ჩემს მეგობარს.
There he is!	აი ისიც, მოდის!

47 [forty-seven]

Preparing a trip

47 [ორმოცდაშვიდი]

მზადება მოგზაურობისთვის

You have to pack our suitcase!	შენ ჩვენი ჩემოდანი უნდა ჩაალაგო!
Don't forget anything!	არაფერი უნდა დაგავიწყდეს!
You need a big suitcase!	შენ დიდი ჩემოდანი გჭირდება!
Don't forget your passport!	პასპორტი არ დაგრჩეს!
Don't forget your ticket!	ბილეთი არ დაგრჩეს!
Don't forget your traveller's cheques / traveler's checks *(am.)*!	სამგზავრო ჩეკები არ დაგრჩეს!
Take some suntan lotion with you.	მზის კრემი წამოიღე.
Take the sun-glasses with you.	მზის სათვალე წამოიღე.
Take the sun hat with you.	მზის ქუდი წამოიღე.
Do you want to take a road map?	რუკას წამოიღებ?
Do you want to take a travel guide?	გზამკვლევს წამოიღებ?
Do you want to take an umbrella?	ქოლგას წამოიგებ?
Remember to take pants, shirts and socks.	შარვლები, პერანგები, წინდები არ დაგრჩეს.
Remember to take ties, belts and sports jackets.	ჰალსტუხები, ქამრები, პიჯაკები არ დაგრჩეს.
Remember to take pyjamas, nightgowns and t-shirts.	ღამის პიჟამოები, ღამის პერანგები და მაისურები არ დაგრჩეს.
You need shoes, sandals and boots.	შენ ფეხსაცმელები, სანდლები და ჩექმები გჭირდება.
You need handkerchiefs, soap and a nail clipper.	შენ ცხვირსახოცები, საპონი და ფრჩხილების მაკრატელი გჭირდება.
You need a comb, a toothbrush and toothpaste.	შენ სავარცხელი, კბილის ჯაგრისი და კბილის პასტა გჭირდება.

48 [forty-eight]

Vacation activities

48 [ორმოცდარვა]

გართობა შვებულების დროს

Is the beach clean?	პლაჟი სუფთაა?
Can one swim there?	შეიძლება იქ ბანაობა?
Isn't it dangerous to swim there?	არ არის საშიში იქ ბანაობა?
Can one rent a sun umbrella / parasol here?	შეიძლება აქ მზის ქოლგის დაქირავება?
Can one rent a deck chair here?	შეიძლება აქ შეზლონგის დაქირავება?
Can one rent a boat here?	შეიძლება აქ ნავის დაქირავება?
I would like to surf.	სიამოვნებით ვისერფინგებდი.
I would like to dive.	სიამოვნებით ჩავყვინთავდი.
I would like to water ski.	სიამოვნებით ვისრიალებდი წყლის თხილამურებით.
Can one rent a surfboard?	შეიძლება სერფინგის დაფის დაქირავება?
Can one rent diving equipment?	შეიძლება მყვინთავის აღჭურვილობის დაქირავება?
Can one rent water skis?	შეიძლება წყლის თხილამურების დაქირავება?
I'm only a beginner.	ჯერ დამწყები ვარ.
I'm moderately good.	საშუალოდ ვიცი.
I'm pretty good at it.	მასში უკვე ვერკვევი.
Where is the ski lift?	სად არის საბაგირო?
Do you have skis?	თან გაქვს თხილამურები?
Do you have ski boots?	თან გაქვს სათხილამურო ჩექმები?

49 [forty-nine]

Sports

49 [ორმოცდაცხრა]

სპორტი

Do you exercise?
Yes, I need some exercise.
I am a member of a sports club.

მისდევ სპორტს?
დიახ, მოძრაობა მჭირდება.
მე სპორტულ ჯგუფში ვარ.

We play football / soccer *(am.)*.
We swim sometimes.
Or we cycle.

ჩვენ ფეხბურთს ვთამაშობთ.
ზოგჯერ ვცურავთ.
ან ველოსიპედით დავდივართ.

There is a football / soccer *(am.)* stadium in our city.
There is also a swimming pool with a sauna.
And there is a golf course.

ჩვენს ქალაქში არის ფეხბურთის მოედანი.
არის ასევე საცურაო აუზი საუნით.
და არის გოლფის მოედანი.

What is on TV?
There is a football / soccer *(am.)* match on now.
The German team is playing against the English one.

რა გადის ტელევიზორში?
ახლა ფეხბურთია.
გერმანული გუნდი ინგლისურს ეთამაშება.

Who is winning?
I have no idea.
It is currently a tie.

ვინ იგებს?
წარმოდგენა არ მაქვს.
ჯერ ფრეა.

The referee is from Belgium.
Now there is a penalty.
Goal! One – zero!

მსაჯი ბელგიელია.
ახლა თერთმეტმეტრიანი დანიშნეს.
გოლი! ერთით ნული!

50 [fifty]

In the swimming pool

50 [ორმოცდაათი]

საცურაო აუზზე.

It is hot today.
Shall we go to the swimming pool?
Do you feel like swimming?

დღეს ცხელა.
წავიდეთ აუზზე?
გინდა საცურაოდ წავიდეთ?

Do you have a towel?
Do you have swimming trunks?
Do you have a bathing suit?

გაქვს პირსახოცი?
გაქვს საცურაო ტრუსი?
გაქვს საცურაო კოსტუმი?

Can you swim?
Can you dive?
Can you jump in the water?

ცურვა შეგიძლია?
ყვინთვა შეგიძლია?
წყალში ხტომა შეგიძლია?

Where is the shower?
Where is the changing room?
Where are the swimming goggles?

სად არის შხაპი?
სად არის გამოსაცვლელი კაბინა?
სად არის საცურაო სათვალე?

Is the water deep?
Is the water clean?
Is the water warm?

წყალი ღრმაა?
წყალი სუფთაა?
წყალი თბილია?

I am freezing.
The water is too cold.
I am getting out of the water now.

ვიყინები.
წყალი ძალიან ცივია.
ახლა წყლიდან ამოვალ.

51 [fifty-one]

51 [ორმოცდათერთმეთი]

Running errands

საყიდლების გაკეთება

I want to go to the library.	ბიბლიოთეკაში მინდა.
I want to go to the bookstore.	წიგნის მაღაზიაში მინდა.
I want to go to the newspaper stand.	კიოსკში მინდა.
I want to borrow a book.	წიგნი მინდა ვითხოვო.
I want to buy a book.	წიგნი მინდა ვიყიდო.
I want to buy a newspaper.	გაზეთი მინდა ვიყიდო.
I want to go to the library to borrow a book.	ბიბლიოთეკაში მინდა მისვლა, წიგნი რომ ვითხოვო.
I want to go to the bookstore to buy a book.	წიგნის მაღაზიაში მინდა წასვლა, წიგნი რომ ვიყიდო.
I want to go to the kiosk / newspaper stand to buy a newspaper.	კიოსკში მინდა წასვლა, გაზეთი რომ ვიყიდო.
I want to go to the optician.	ოკულისტთან უნდა წავიდე.
I want to go to the supermarket.	მაღაზიაში მინდა წავიდე.
I want to go to the bakery.	საცხობში მინდა წავიდე.
I want to buy some glasses.	სათვალის ყიდვა მინდა.
I want to buy fruit and vegetables.	ხილის და ბოსტნეულის ყიდვა მინდა.
I want to buy rolls and bread.	ფუნთუშის და პურის ყიდვა მინდა.
I want to go to the optician to buy glasses.	ოკულისტთან მინდა წავიდე, სათვალე რომ ვიყიდო.
I want to go to the supermarket to buy fruit and vegetables.	მაღაზიაში მინდა წასვლა, ხილი და ბოსტნეული რომ ვიყიდო.
I want to go to the baker to buy rolls and bread.	საცხობში მინდა წასვლა, ფუნთუშა და პური რომ ვიყიდო.

52 [fifty-two]

In the department store

52
[ორმოცდათორმეტი]

სავაჭრო ცენტრში

Shall we go to the department store?
I have to go shopping.
I want to do a lot of shopping.

სავაჭრო ცენტრში ხომ არ წავიდეთ?
საყიდლები მაქვს.
ბევრი რამ მაქვს საყიდელი.

Where are the office supplies?
I need envelopes and stationery.
I need pens and markers.

სად იყიდება საკანცელარიო ნივთები?
საფოსტო კონვერტები და ქაღალდი მჭირდება.
კალმისტრები და ფლომასტრები მჭირდება.

Where is the furniture?
I need a cupboard and a chest of drawers.
I need a desk and a bookshelf.

სად არის ავეჯი?
კარადა და კომოდი მჭირდება.
საწერი მაგიდა და თარო მჭირდება.

Where are the toys?
I need a doll and a teddy bear.
I need a football and a chess board.

სად არის სათამაშოები?
თოჯინა და სათამაშო დათვი მჭირდება.
ფეხბურთის ბურთი და ჭადრაკი მჭირდება.

Where are the tools?
I need a hammer and a pair of pliers.
I need a drill and a screwdriver.

სად არის ხელსაწყოები?
ჩაქუჩი და მომჭერი მჭირდება.
სახვრეტელა (დრელი) და ჭანჭიკის მომჭერი მჭირდება.

Where is the jewellery / jewelry *(am.)* department?
I need a chain and a bracelet.
I need a ring and earrings.

სად არის სამკაულები?
ძეწკვი და სამაჯური მჭირდება.
ბეჭედი და საყურეები მჭირდება.

53 [fifty-three]

Shops

53
[ორმოცდაცამეტი]

მაღაზიები

We're looking for a sports shop.	ჩვენ სპორტულ მაღაზიას ვეძებთ.
We're looking for a butcher shop.	ჩვენ ხორცის მაღაზიას ვეძებთ.
We're looking for a pharmacy / drugstore *(am.)*.	ჩვენ აფთიაქს ვეძებთ.
We want to buy a football.	ჩვენ ფეხბურთის ბურთის ყიდვა გვინდა.
We want to buy salami.	ჩვენ სალიამის ყიდვა გვინდა.
We want to buy medicine.	ჩვენ წამლების ყიდვა გვინდა.
We're looking for a sports shop to buy a football.	ჩვენ სპორტულ მაღაზიას ვეძებთ, ფეხბურთის ბურთი რომ ვიყიდოთ.
We're looking for a butcher shop to buy salami.	ჩვენ ხორცის მაღაზიას ვეძებთ, სალიამი რომ ვიყიდოთ. .
We're looking for a drugstore to buy medicine.	ჩვენ აფთიაქს ვეძებთ, წამლები რომ ვიყიდოთ.
I'm looking for a jeweller / jeweler *(am.)*.	ოქრომჭედელს ვეძებ.
I'm looking for a photo equipment store.	ფოტოატელიეს ვეძებ.
I'm looking for a confectionery.	საკონდიტროს ვეძებ.
I actually plan to buy a ring.	ბეჭდის ყიდვას ვაპირებ.
I actually plan to buy a roll of film.	ფილმის ყიდვას ვაპირებ.
I actually plan to buy a cake.	ტორტის ყიდვას ვაპირებ.
I'm looking for a jeweler to buy a ring.	იუველირს ვეძებ, ბეჭედი რომ ვიყიდო.
I'm looking for a photo shop to buy a roll of film.	ფოტოატელიეს ვეძებ, ფირი რომ ვიყიდო .
I'm looking for a confectionery to buy a cake.	საკონდიტროს ვეძებ, ტორტი რომ ვიყიდო.

54 [fifty-four]

Shopping

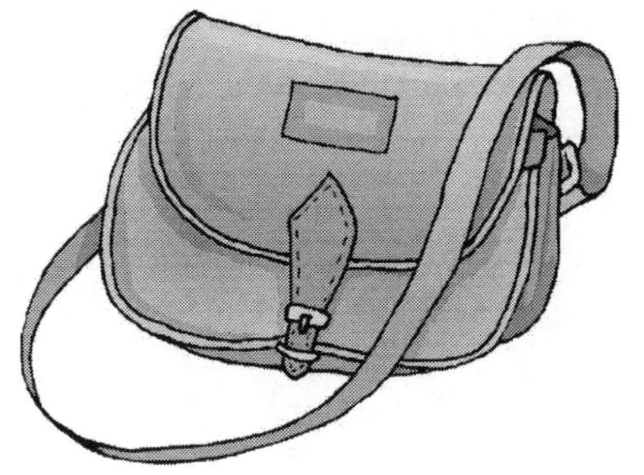

54
[ორმოცდათოთხმეტი]

ყიდვა

I want to buy a present.	საჩუქრის ყიდვა მინდა.
But nothing too expensive.	მაგრამ არც თუ ისე ძვირის.
Maybe a handbag?	იქნებ ხელჩანთა?
Which color would you like?	რა ფერი გნებავთ?
Black, brown or white?	შავი, ყავისფერი თუ თეთრი?
A large one or a small one?	დიდი თუ პატარა?
May I see this one, please?	შეიძლება ვნახო?
Is it made of leather?	ტყავის არის?
Or is it made of plastic?	თუ ხელოვნურია?
Of leather, of course.	ტყავის, რა თქმა უნდა.
This is very good quality.	ეს განსაკუთრებით ხარისხიანია.
And the bag is really very reasonable.	ხელჩანთა მართლაც იაფია.
I like it.	მომწონს.
I'll take it.	ვიყიდი.
Can I exchange it if needed?	გამოცვლა შესამლებელია?
Of course.	რა თქმა უნდა.
We'll gift wrap it.	გაგიხვევთ როგორც საჩუქარს.
The cashier is over there.	იქ არის სალარო.

55 [fifty-five]

Working

55 [ორმოცდათხუთმეტი]

მუშაობა

What do you do for a living?
My husband is a doctor.
I work as a nurse part-time.

რა პროფესიის ხართ?
ჩემი ქმარი პროფესიით ექიმია.
ნახევარ განაკვეთზე მედდად ვმუშაობ.

We will soon receive our pension.
But taxes are high.
And health insurance is expensive.

მალე ჩვენ პენსიაზე გავალთ.
მაგრამ გადასახადები მაღალია.
ჯანმრთელობის დაზღვევა ძვირია.

What would you like to become some day?
I would like to become an engineer.
I want to go to college.

რა გინდა რომ გამოხვიდე?
ინჟინერი მინდა გავხდე.
უნივერსიტეტში მინდა ვისწავლო.

I am an intern.
I do not earn much.
I am doing an internship abroad.

პრაქტიკანტი ვარ.
მე არ მაქვს მაღალი ხელფასი.
პრაქტიკას საზღვარგარეთ გავდივარ.

That is my boss.
I have nice colleagues.
We always go to the cafeteria at noon.

ეს ჩემი უფროსია.
სასიამოვნო კოლეგები მყავს.
შუადღეს ჩვენ ყოველთვის კაფეში მივდივართ.

I am looking for a job.
I have already been unemployed for a year.
There are too many unemployed people in this country.

სამუშაო ადგილს ვეძებ.
უკვე ერთი წელია უმუშევარი ვარ.
ამ ქვეყანაში ძალიან ბევრი უმუშევარია.

56 [fifty-six]

Feelings

56
[ორმოცდათექვსმეტი]

გრძნობები

to feel like / want to	სურვილი
We feel like / want to.	ჩვენ გვაქვს სურვილი.
We don't feel like / want to.	ჩვენ არ გვაქვს სურვილი.
to be afraid	შიში
I'm afraid.	მეშინია.
I am not afraid.	არ მეშინია.
to have time	დროის ქონა.
He has time.	მას აქვს დრო.
He has no time.	მას არ აქვს დრო.
to be bored	მოწყენილობა
She is bored.	ის მოწყენილია.
She is not bored.	ის არ არის მოწყენილი.
to be hungry	შიმშილი
Are you hungry?	გშიათ?
Aren't you hungry?	არ გშიათ?
to be thirsty	წყურვილი
They are thirsty.	მათ წყურიათ.
They are not thirsty.	მათ არ წყურიათ.

57 [fifty-seven]

At the doctor

57 [ორმოცდაჩვიდმეტი]

ექიმთან

I have a doctor's appointment.	ექიმთან ვარ ჩაწერილი.
I have the appointment at ten o'clock.	ათ საათზე ვარ ჩაწერილი.
What is your name?	რა გქვიათ?
Please take a seat in the waiting room.	თუ შეიძლება, მოსაცდელ ოთახში დაბრძანდით!
The doctor is on his way.	ექიმი ახლავე მოვა.
What insurance company do you belong to?	სად ხართ დაზღვეული?
What can I do for you?	რით შემიძლია დაგეხმაროთ?
Do you have any pain?	გტკივათ?
Where does it hurt?	სად გტკივათ?
I always have back pain.	ზურგი მტკივა.
I often have headaches.	ხშირად თავი მტკივა.
I sometimes have stomach aches.	ზოგჯერ მუცელი მტკივა.
Remove your top!	თუ შეიძლება ზემოთ გაიხადეთ!
Lie down on the examining table.	თუ შეიძლება საწოლზე დაწექით!
Your blood pressure is okay.	წნევა წესრიგშია.
I will give you an injection.	ნემსს გაგიკეთებთ.
I will give you some pills.	ტაბლეტებს მოგცემთ.
I am giving you a prescription for the pharmacy.	რეცეპტს გამოგიწერთ აფთიაქისთვის.

58 [fifty-eight]

Parts of the body

58
[ორმოცდათვრამეტი]

სხეულის ნაწილები

I am drawing a man.
First the head.
The man is wearing a hat.

კაცს ვხატავ.
ჯერ თავს.
კაცს ქუდი ახურავს.

One cannot see the hair.
One cannot see the ears either.
One cannot see his back either.

თმა არ ჩანს.
არც ყურები ჩანს.
ზურგიც არ ჩანს.

I am drawing the eyes and the mouth.
The man is dancing and laughing.
The man has a long nose.

თვალებს და პირს ვხატავ.
კაცი ცეკვავს და იცინის.
კაცს გრძელი ცხვირი აქვს.

He is carrying a cane in his hands.
He is also wearing a scarf around his neck.
It is winter and it is cold.

მას ხელში ჯოხი უჭირავს.
მას ასევე ყელზე კაშნე უკეთია.
ზამთარია და ცივა.

The arms are athletic.
The legs are also athletic.
The man is made of snow.

ხელები ძლიერია.
ფეხებიც ძლიერია.
კაცი თოვლისგან არის გაკეთებული.

He is neither wearing pants nor a coat.
But the man is not freezing.
He is a snowman.

მას შარვალი და პალტო არ აცვია.
მაგრამ კაცი არ იყინება.
ის თოვლისბაბუაა.

59 [fifty-nine]

At the post office

59
[ორმოცდაცხრამეტი]

ფოსტაში

Where is the nearest post office?	სად არის უახლოესი ფოსტა?
Is the post office far from here?	შორს არის ფოსტამდე?
Where is the nearest mail box?	სად არის უახლოესი საფოსტო ყუთი?
I need a couple of stamps.	რამდენიმე საფოსტო მარკა მჭირდება.
For a card and a letter.	ბარათისა და წერილისათვის.
How much is the postage to America?	რა ღირს მარკა ამერიკისთვის?
How heavy is the package?	რამდენად მძიმეა შეკვრა?
Can I send it by air mail?	შემიძლია საჰაერო ფოსტით გავაგზავნო?
How long will it take to get there?	რამდენი ხანი სჭირდება ჩასვლას?
Where can I make a call?	საიდან შეიძლება დავრეკო?
Where is the nearest telephone booth?	სად არის უახლოესი სატელეფონო ჯიხური?
Do you have calling cards?	გაქვთ სატელეფონო ბარათი?
Do you have a telephone directory?	გაქვთ ტელეფონის წიგნი?
Do you know the area code for Austria?	იცით ავსტრიის კოდი?
One moment, I'll look it up.	ერთი წუთით, ვნახავ.
The line is always busy.	ხაზი სულ დაკავებულია.
Which number did you dial?	რა ნომერი აკრიფეთ?
You have to dial a zero first!	თქვენ ჯერ ნული უნდა აკრიფოთ.

60 [sixty]

60 [სამოცი]

At the bank

ბანკში

I would like to open an account.	ანგარიშის გახსნა მსურს.
Here is my passport.	აი, ჩემი პასპორტი.
And here is my address.	ეს არის ჩემი მისამართი.
I want to deposit money in my account.	ჩემს ანგარიშზე ფულის შეტანა მინდა.
I want to withdraw money from my account.	ჩემი ანგარიშიდან ფულის მოხსნა მინდა.
I want to pick up the bank statements.	ანგარიშბრუნვის წაღება მსურს.
I want to cash a traveller's cheque / traveler's check *(am.)*.	სამოგზაურო ჩეკის განაღდება მსურს.
What are the fees?	რამდენია მოსაკრებელი?
Where should I sign?	სად უნდა მოვაწერო ხელი?
I'm expecting a transfer from Germany.	გადმორიცხვას ველოდები გერმანიიდან.
Here is my account number.	აი, ჩემი ანგარიშის ნომერი.
Has the money arrived?	დაირიცხა ფული?
I want to change money.	ფულის გადაცვლა მსურს.
I need US-Dollars.	ამერიკული დოლარი მჭირდება.
Could you please give me small notes / bills *(am.)*?	თუ შეიძლება პატარა კუპიურები მომეცით.
Is there a cashpoint / an ATM *(am.)*?	არის აქ ბანკომატი?
How much money can one withdraw?	რამდენი შემიძლია მოვხსნა?
Which credit cards can one use?	რომელი საკრედიტო ბარათები შემიძლია გამოვიყენო?

61 [sixty-one]

Ordinal numbers

61 [სამოცდაერთი]

რიგობითი/რიცხვითი სახელები

The first month is January.
The second month is February.
The third month is March.

The fourth month is April.
The fifth month is May.
The sixth month is June.

Six months make half a year.
January, February, March,
April, May and June.

The seventh month is July.
The eighth month is August.
The ninth month is September.

The tenth month is October.
The eleventh month is November.
The twelfth month is December.

Twelve months make a year.
July, August, September,
October, November and December.

პირველი თვე არის იანვარი.
მეორე თვე არის თებერვალი.
მესამე თვე არის მარტი.

მეოთხე თვე არის აპრილი.
მეხუთე თვე არის მაისი.
მეექვსე თვე არის ივნისი.

ექვსი თვე არის ნახევარი წელი.
იანვარი, თებერვალი, მარტი,
აპრილი, მაისი, ივნისი.

მეშვიდე თვე არის ივლისი.
მერვე თვე არის აგვისტო.
მეცხრე თვე არის სექტემბერი.

მეათე თვე არის ოქტომბერი.
მეთერთმეტე თვე არის ნოემბერი.
მეთორმეტე თვე არის დეკემბერი.

თორმეტი თვე არის ერთი წელი.
ივლისი, აგვისტო, სექტემბერი,
ოქტომბერი, ნოემბერი, დეკემბერი.

62 [sixty-two]

sking questions 1

62 [სამოცდაორი]

კითხვის დასმა 1

to learn	სწავლა
Do the students learn a lot?	მოსწავლეები ბევრს სწავლობენ?
No, they learn a little.	არა, ისინი ცოტას სწავლობენ.
to ask	შეკითხვა.
Do you often ask the teacher questions?	ხშირად ეკითხებით მასწავლებელს?
No, I don't ask him questions often.	არა, მე მას ხშირად არ ვეკითხები.
to reply	პასუხი
Please reply.	მიპასუხეთ, თუ შეიძლება.
I reply.	ვპასუხობ.
to work	მუშაობა
Is he working right now?	ის ახლა მუშაობს?
Yes, he is working right now.	დიახ, ის ახლა მუშაობს.
to come	მოსვლა
Are you coming?	მოდიხართ?
Yes, we are coming soon.	დიახ, ჩვენ ახლავე მოვალთ.
to live	ცხოვრება
Do you live in Berlin?	თქვენ ბერლინში ცხოვრობთ?
Yes, I live in Berlin.	დიახ, მე ბერლინში ვცხოვრობ.

63 [sixty-three]

Asking questions 2

63 [სამოცდასამი]

კითხვის დასმა 2

I have a hobby.	მე მაქვს ჰობი.
I play tennis.	ჩოგბურთს ვთამაშობ.
Where is the tennis court?	სად არის კორტები?
Do you have a hobby?	გაქვს შენ ჰობი?
I play football / soccer *(am.)*.	ფეხბურთს ვთამაშობ.
Where is the football / soccer *(am.)* field?	სად არის ფეხბურთის მოედანი?
My arm hurts.	მხარი მტკივა.
My foot and hand also hurt.	ფეხი და ხელიც მტკივა.
Is there a doctor?	სად არის ექიმი?
I have a car/automobile.	მე მანქანა მყავს.
I also have a motorcycle.	მე ასევე მოტოციკლიც მყავს.
Where could I park?	სად არის ავტოსადგომი?
I have a sweater.	მე ჯემპრი მაქვს.
I also have a jacket and a pair of jeans.	მე ქურთუკი და ჯინსიც მაქვს.
Where is the washing machine?	სად არის სარეცხი მანქანა?
I have a plate.	მე თეფში მაქვს.
I have a knife, a fork and a spoon.	მე მაქვს დანა, ჩანგალი და კოვზი.
Where is the salt and pepper?	სად არის მარილი და პილპილი?

64 [sixty-four]

Negation 1

64 [სამოცდაოთხი]

უარყოფა 1

I don't understand the word.
I don't understand the sentence.
I don't understand the meaning.

ამ სიტყვის მნიშვნელობა არ მესმის.
ეს წინადადება ვერ გავიგე.
მე არ მესმის მნიშვნელობა.

the teacher
Do you understand the teacher?
Yes, I understand him well.

მასწავლებელი (კაცი).
გესმით მასწავლებლის?
დიახ, მე მისი კარგად მესმის.

the teacher
Do you understand the teacher?
Yes, I understand her well.

მასწავლებელი (ქალი)
გესმით მასწავლებელის?
დიახ, მე მისი კარგად მესმის.

the people
Do you understand the people?
No, I don't understand them so well.

ხალხი.
გესმით ხალხის?
არა, მე მათი ისე კარგად არ მესმის.

the girlfriend
Do you have a girlfriend?
Yes, I do.

მეგობარი გოგო.
გყავთ მეგობარი გოგო?
დიახ, მყავს.

the daughter
Do you have a daughter?
No, I don't.

ქალიშვილი
გყავთ ქალიშვილი?
არა, არ მყავს.

65 [sixty-five]

Negation 2

65 [სამოცდახუთი]

უარყოფა 2

Is the ring expensive?
No, it costs only one hundred Euros.
But I have only fifty.

ბეჭედი ძვირია?
არა, ის მხოლოდ ასი ევრო ღირს.
მაგრამ მე მხოლოდ ორმოცდაათი მაქვს.

Are you finished?
No, not yet.
But I'll be finished soon.

უკვე მზად ხარ?
არა, ჯერ არა.
მაგრამ ახლავე მზად ვიქნები.

Do you want some more soup?
No, I don't want anymore.
But another ice cream.

გინდა კიდევ სუპი?
არა, აღარ მინდა.
მაგრამ კიდევ ერთი ნაყინი?

Have you lived here long?
No, only for a month.
But I already know a lot of people.

უკვე დიდი ხანია აქ ცხოვრობ?
არა, მხოლოდ ერთი თვეა.
მაგრამ უკვე ბევრ ხალხს ვიცნობ.

Are you driving home tomorrow?
No, only on the weekend.
But I will be back on Sunday.

ხვალ სახლში მიდიხარ?
არა, მხოლოდ შაბათ-კვირას.
მაგრამ კვირასვე დავბრუნდები.

Is your daughter an adult?
No, she is only seventeen.
But she already has a boyfriend.

შენი ქალიშვილი უკვე გაიზარდა?
არა, ის ჯერ მხოლოდ ჩვიდმეტი წლის არის.
მაგრამ მას უკვე მეგობარი ჰყავს.

66 [sixty-six]

Possessive pronouns 1

66 [სამოცდაექვსი]

კუთვნილებითი ნაცვალსახელები 1

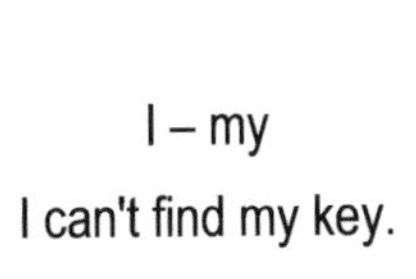

I – my

I can't find my key.

I can't find my ticket.

you – your

Have you found your key?

Have you found your ticket?

he – his

Do you know where his key is?

Do you know where his ticket is?

she – her

Her money is gone.

And her credit card is also gone.

we – our

Our grandfather is ill.

Our grandmother is healthy.

you – your

Children, where is your father?

Children, where is your mother?

მე – ჩემი

ჩემს გასაღებს ვერ ვპოულობ.

ჩემს ბილეთს ვერ ვპოულობ.

შენ – შენი

იპოვე შენი გასაღები?

იპოვე შენი ბილეთი?

ის – მისი

იცი, სად არის მისი გასაღები?

იცი, სად არის მისი ბილეთი?

ის [ქალი] – მისი [ქალის]

მისი ფული დაიკარგა.

და მისი საკრედიტო ბარათიც დაიკარგა.

ჩვენ – ჩვენი

ჩვენი ბაბუა ავად არის.

ჩვენი ბებია ჯანმრთელად არის.

თქვენ – თქვენი

ბავშვებო, სად არის თქვენი მამიკო?

ბავშვებო, სად არის თქვენი დედიკო?

67 [sixty-seven]

Possessive pronouns 2

67 [სამოცდაშვიდი]

კუთვნილებითი ნაცვალსახელები 2

the glasses
He has forgotten his glasses.
Where has he left his glasses?

the clock
His clock isn't working.
The clock hangs on the wall.

the passport
He has lost his passport.
Where is his passport then?

they – their
The children cannot find their parents.
Here come their parents!

you – your
How was your trip, Mr. Miller?
Where is your wife, Mr. Miller?

you – your
How was your trip, Mrs. Smith?
Where is your husband, Mrs. Smith?

სათვალე
მას თავისი სათვალე დარჩა.
სად აქვს მას თავისი სათვალე?

საათი
მისი საათი გაფუჭდა.
საათი კედელზე კიდია.

პასპორტი.
მან თავისი პასპორტი დაკარგა.
სად აქვს მას თავისი პასპორტი?

ისინი – მათი
ბავშვები ვერ პოულობენ თავიანთ მშობლებს.
მაგრამ აი, მათი მშობლები მოდიან!

თქვენ – თქვენი
როგორ იმოგზაურეთ, ბატონო მიულერ?
სად არის თქვენი ცოლი, ბატონო მიულერ?

თქვენ – თქვენი
როგორი იყო თქვენი მოგზაურობა, ქალბატონო შმიტ?
სად არის თქვენი ქმარი, ქალბატონო შმიტ?

68 [sixty-eight]

big – small

68 [სამოცდარვა]

დიდი – პატარა

big and small
The elephant is big.
The mouse is small.

dark and bright
The night is dark.
The day is bright.

old and young
Our grandfather is very old.
70 years ago he was still young.

beautiful and ugly
The butterfly is beautiful.
The spider is ugly.

fat and thin
A woman who weighs a hundred kilos is fat.
A man who weighs fifty kilos is thin.

expensive and cheap
The car is expensive.
The newspaper is cheap.

დიდი და პატარა
სპილო დიდია.
თაგვი პატარაა.

ბნელი და ნათელი
ღამე ბნელია.
დღე ნათელია.

მოხუცი და ახალგაზრდა.
ჩვენი ბაბუა მოხუცია.
სამოცდაათი წლის წინ ის ჯერ კიდევ ახალგაზრდა იყო.

ლამაზი და უშნო
პეპელა ლამაზია.
ობობა უშნოა.

მსუქანი და გამხდარი
ასკილოგრამიანი ქალი მსუქანია.
ორმოცდაათკილოგრამიანი კაცი გამხდარია.

ძვირი და იაფი
მანქანა ძვირია.
გაზეთი იაფია.

69 [sixty-nine]

to need – to want to

69 [სამოცდაცხრა]

საჭიროება – სურვილი

I need a bed.
I want to sleep.
Is there a bed here?

I need a lamp.
I want to read.
Is there a lamp here?

I need a telephone.
I want to make a call.
Is there a telephone here?

I need a camera.
I want to take photographs.
Is there a camera here?

I need a computer.
I want to send an email.
Is there a computer here?

I need a pen.
I want to write something.
Is there a sheet of paper and a pen here?

საწოლი მჭირდება.
ძილი მინდა.
არის აქ საწოლი?

ლამპა მჭირდება.
კითხვა მინდა.
არის აქ ლამპა?

ტელეფონი მჭირდება.
დარეკვა მინდა.
არის აქ ტელეფონი?

კამერა მჭირდება.
სურათების გადაღება მინდა.
არის აქ კამერა?

კომპიუტერი მჭირდება.
ელ-ფოსტის გაგზავნა მინდა.
არის აქ კომპიუტერი?

კალამი მჭირდება.
მინდა რაღაც დავწერო.
არის აქ ფურცელი და კალამი?

70 [seventy]

to like something

70 [სამოცდაათი]

სურვილი

Would you like to smoke?	მოწევა გნებავთ?
Would you like to dance?	ცეკვა გნებავთ?
Would you like to go for a walk?	გასეირნება გნებავთ?
I would like to smoke.	მოწევა მინდა.
Would you like a cigarette?	გინდა სიგარეტი?
He wants a light.	მას ცეცხლი უნდა.
I want to drink something.	რამის დალევა მინდა.
I want to eat something.	რამის ჭამა მინდა.
I want to relax a little.	მინდა ცოტა დავისვენო.
I want to ask you something.	რაღაც მინდა გკითხოთ.
I want to ask you for something.	რაღაც მინდა გთხოვოთ.
I want to treat you to something.	რამეზე მინდა დაგპატიჟოთ.
What would you like?	რა გნებავთ?
Would you like a coffee?	გნებავთ ერთი ჭიქა ყავა?
Or do you prefer a tea?	თუ ერთი ჭიქა ჩაი გირჩევნიათ?
We want to drive home.	ჩვენ სახლში წასვლა გვინდა.
Do you want a taxi?	ტაქსი გნებავთ?
They want to make a call.	თქვენ დარეკვა გნებავთ.

71 [seventy-one]

to want something

71 [სამოცდათერთმეტი]

სურვილი

What do you want to do?	რა გინდათ თქვენ?
Do you want to play football / soccer *(am.)*?	ფეხბურთის თამაში გინდათ?
Do you want to visit friends?	მეგობრების მონახულება გინდათ?
to want	სურვილი
I don't want to arrive late.	არ მინდა გვიან მოვიდე.
I don't want to go there.	იქ წასვლა არ მინდა.
I want to go home.	სახლში წასვლა მინდა.
I want to stay at home.	სახლში დარჩენა მსურს.
I want to be alone.	მარტო ყოფნა მსურს.
Do you want to stay here?	აქ გინდა დარჩენა?
Do you want to eat here?	აქ გინდა ჭამა?
Do you want to sleep here?	აქ გინდა ძილი?
Do you want to leave tomorrow?	ხვალ გსურთ გამგზავრება?
Do you want to stay till tomorrow?	ხვალამდე გსურთ დარჩენა?
Do you want to pay the bill only tomorrow?	ანგარიშის გადახდა ხვალ გსურთ?
Do you want to go to the disco?	დისკოთეკაზე გინდათ?
Do you want to go to the cinema?	კინოში გინდათ?
Do you want to go to a café?	კაფეში გინდათ?

72 [seventy-two]

to have to do something / must

72
[სამოცდათორმეტი]

ვალდებულება

must	ვალდებულება
I must post the letter.	წერილი უნდა გავგზავნო.
I must pay the hotel.	სასტუმრო უნდა გადავიხადო.
You must get up early.	ადრე უნდა ადგე.
You must work a lot.	ბევრი უნდა იმუშაო.
You must be punctual.	პუნქტუალური უნდა იყო.
He must fuel / get petrol / get gas *(am.)*.	მან ბენზინი უნდა ჩაასხას.
He must repair the car.	მან მანქანა უნდა შეაკეთოს.
He must wash the car.	მან მანქანა უნდა გარეცხოს.
She must shop.	ის საყიდლებზე უნდა წავიდეს.
She must clean the apartment.	მან ბინა უნდა დაალაგოს.
She must wash the clothes.	მან სარეცხი უდა გარეცხოს.
We must go to school at once.	ჩვენ ახლა სკოლაში უნდა წავიდეთ.
We must go to work at once.	ჩვენ ახლა სამსახურში უნდა წავიდეთ.
We must go to the doctor at once.	ჩვენ ახლა ექიმთან უნდა წავიდეთ.
You must wait for the bus.	თქვენ ავტობუსს უნდა დაუცადოთ.
You must wait for the train.	თქვენ მატარებელს უნდა დაუცადოთ.
You must wait for the taxi.	თქვენ ტაქსს უნდა დაუცადოთ.

73 [seventy-three]

to be allowed to

73 [სამოცდაცამეტი]

ნებართვა

Are you already allowed to drive?	მანქანის ტარების უფლება უკვე გაქვს?
Are you already allowed to drink alcohol?	ალკოჰოლის დალევის უფლება უკვე გაქვს?
Are you already allowed to travel abroad alone?	საზღვარგარეთ მარტო გამგზავრების უფლება უკვე გაქვს?
may / to be allowed	ნებართვა
May we smoke here?	შეიძლება აქ მოვწიოთ?
Is smoking allowed here?	აქ მოწევა შეიძლება?
May one pay by credit card?	საკრედიტო ბარათით გადახდა შესაძლებელია?
May one pay by cheque / check *(am.)*?	ჩეკით გადახდა შესაძლებელია?
May one only pay in cash?	მხოლოდ ნაღდი ფულით გადახდაა შესაძლებელი?
May I just make a call?	შეიძლება ერთი დავრეკო?
May I just ask something?	შეიძლება რაღაც ვიკითხო?
May I just say something?	შეიძლება რაღაც ვთქვა?
He is not allowed to sleep in the park.	მას პარკში ძილის უფლება არ აქვს.
He is not allowed to sleep in the car.	მას მანქანაში ძილის უფლება არ აქვს.
He is not allowed to sleep at the train station.	მას სადგურზე ძილის უფლება არ აქვს.
May we take a seat?	შეიძლება დავსხდეთ?
May we have the menu?	შეიძლება მენიუ მოგვიტანოთ?
May we pay separately?	შეიძლება ცალ-ცალკე გადავიხადოთ?

74 [seventy-four]

Asking for something

74
[სამოცდათოთხმეტი]

თხოვნა

Can you cut my hair?	შეგიძლიათ თმა შემჭრათ?
Not too short, please.	ძალიან მოკლედ არა, თუ შეიძლება.
A bit shorter, please.	უფრო მოკლედ, თუ შეიძლება.
Can you develop the pictures?	შეგიძლიათ სურათები გაამჟღავნოთ?
The pictures are on the CD.	სურათები კომპაქტდისკზეა.
The pictures are in the camera.	სურათები კამერაშია.
Can you fix the clock?	შეგიძლიათ საათის შეკეთება?
The glass is broken.	შუშა გატეხილია.
The battery is dead / empty.	ელემენტი დამჯდარია.
Can you iron the shirt?	შეგიძლიათ პერანგის დაუთავება?
Can you clean the pants?	შეგიძლიათ შარვლის გაწმენდა?
Can you fix the shoes?	შეგიძლიათ ფეხსაცმლის შეკეთება?
Do you have a light?	შეგიძლიათ მომიკიდოთ?
Do you have a match or a lighter?	ასანთი ან სანთებელა ხომ არ გაქვთ?
Do you have an ashtray?	გაქვთ საფერფლე?
Do you smoke cigars?	ეწევით სიგარას?
Do you smoke cigarettes?	ეწევით სიგარეტს?
Do you smoke a pipe?	ეწევით ჩიბუხს?

75 [seventy-five]

Giving reasons 1

75 [სამოცდათხუთმეტი]

დასაბუთება

Why aren't you coming?	რატომ არ მოდიხართ?
The weather is so bad.	ძალიან ცუდი ამინდია.
I am not coming because the weather is so bad.	არ მოვდივარ, რადგან ასეთი ავდარია.
Why isn't he coming?	რატომ არ მოდის?
He isn't invited.	ის არ არის დაპატიჟებული.
He isn't coming because he isn't invited.	ის არ მოდის, რადგან არ არის დაპატიჟებული.
Why aren't you coming?	რატომ არ მოდიხარ?
I have no time.	დრო არ მაქვს.
I am not coming because I have no time.	არ მოვდივარ, რადგან დრო არ მაქვს.
Why don't you stay?	რატომ არ რჩები?
I still have to work.	კიდევ მაქვს სამუშაო.
I am not staying because I still have to work.	არ ვრჩები, რადგან კიდევ მაქვს სამუშაო.
Why are you going already?	უკვე მიდიხართ?
I am tired.	დაღლილი ვარ.
I'm going because I'm tired.	მივდივარ, რადგან დაღლილი ვარ.
Why are you going already?	რატომ მიემგზავრებით უკვე?
It is already late.	უკვე გვიან არის.
I'm going because it is already late.	მივემგზავრები, რადგან გვიანია.

76 [seventy-six]

Giving reasons 2

76 [სამოცდათექვსმეტი]

დასაბუთება 2

Why didn't you come?
I was ill.
I didn't come because I was ill.

რატომ არ მოხვედი?
ავად ვიყავი.
არ მოვედი, რადგან ავად ვიყავი.

Why didn't she come?
She was tired.
She didn't come because she was tired.

რატომ არ მოვიდა ის?
ის ავად იყო.
ის არ მოვიდა, რადგან ავად იყო.

Why didn't he come?
He wasn't interested.
He didn't come because he wasn't interested.

რატომ არ მოვიდა?
მას არ ჰქონდა სურვილი.
ის არ მოვიდა, რადგან მას არ ჰქონდა სურვილი.

Why didn't you come?
Our car is damaged.
We didn't come because our car is damaged.

რატომ არ მოხვედით?
ჩვენი მანქანა გაფუჭებულია.
ჩვენ არ მოვედით, რადგან ჩვენი მანქანა გაფუჭებულია.

Why didn't the people come?
They missed the train.
They didn't come because they missed the train.

რატომ არ მოვიდა ხალხი?
მათ მატარებელზე დააგვიანეს.
ისინი არ მოვიდნენ, რადგან მატარებელზე დააგვიანეს.

Why didn't you come?
I was not allowed to.
I didn't come because I was not allowed to.

რატომ არ მოხვედი?
უფლება არ მქონდა.
არ მოვედი, რადგან უფლება არ მქონდა.

77 [seventy-seven]

Giving reasons 3

77
[სამოცდაჩვიდმეტი]

დასაბუთება 3

Why aren't you eating the cake?
I must lose weight.
I'm not eating it because I must lose weight.

ტორტს რატომ არ მიირთმევთ?
წონაში უნდა დავიკლო.
ამას არ ვჭამ, რადგან წონაში უნდა დავიკლო.

Why aren't you drinking the beer?
I have to drive.
I'm not drinking it because I have to drive.

რატომ არ სვამთ ლუდს?
უნდა ვიმგზავრო.
არ ვსვამ, რადგან უნდა ვიმგზავრო.

Why aren't you drinking the coffee?
It is cold.
I'm not drinking it because it is cold.

რატომ არ სვამ ყავას?
ის ცივია.
არ ვსვამ, რდგან ცივია.

Why aren't you drinking the tea?
I have no sugar.
I'm not drinking it because I don't have any sugar.

რატომ არ სვამ ჩაის?
მე არ მაქვს შაქარი.
არ ვსვამ, რადგან არ მაქვს შაქარი.

Why aren't you eating the soup?
I didn't order it.
I'm not eating it because I didn't order it.

რატომ არ მიირთმევთ სუპს?
მე ეს არ შემიკვეთავს.
არ ვჭამ, რადგან არ შემიკვეთავს.

Why don't you eat the meat?
I am a vegetarian.
I'm not eating it because I am a vegetarian.

რატომ არ მიირთმევთ ხორცს?
ვეგეტარიანელი ვარ.
მე მას არ გეახლებით, რადგან ვეგეტარიანელი ვარ.

78 [seventy-eight]

Adjectives 1

78
[სამოცდათვრამეტი]

ზედსართავები 1

an old lady	მოხუცი ქალი
a fat lady	მსუქანი ქალი
a curious lady	ცნობისმოყვარე ქალი
a new car	ახალი მანქანა
a fast car	სწრაფი მანქანა
a comfortable car	მოხერხებული მანქანა
a blue dress	ლურჯი კაბა
a red dress	წითელი კაბა
a green dress	მწვანე კაბა
a black bag	შავი ჩანთა
a brown bag	ყავისფერი ჩანთა
a white bag	თეთრი ჩანთა
nice people	სასიამოვნო ხალხი
polite people	ზრდილობიანი ხალხი
interesting people	საინტერესო ხალხი
loving children	საყვარელი ბავშვები
cheeky children	თავხედი ბავშვები
well behaved children	დამჯერი ბავშვები

79 [seventy-nine]

Adjectives 2

79
[სამოცდაცხრამეტი]

ზედსართავები 2

I am wearing a blue dress.
I am wearing a red dress.
I am wearing a green dress.

I'm buying a black bag.
I'm buying a brown bag.
I'm buying a white bag.

I need a new car.
I need a fast car.
I need a comfortable car.

An old lady lives at the top.
A fat lady lives at the top.
A curious lady lives below.

Our guests were nice people.
Our guests were polite people.
Our guests were interesting people.

I have lovely children.
But the neighbours have naughty children.
Are your children well behaved?

ლურჯი კაბა მაცვია.
წითელი კაბა მაცვია.
მწვანე კაბა მაცვია.

შავ ჩანთას ვყიდულობ.
ყავისფერ ჩანთას ვყიდულობ.
თეთრ ჩანთას ვყიდულობ.

ახალი მანქანა მჭირდება.
სწრაფი მანქანა მჭირდება.
მოსახერხებელი მანქანა მჭირდება.

ზემოთ მოხუცი ქალი ცხოვრობს.
ზემოთ მსუქანი ქალი ცხოვრობს.
ქვემოთ ცნობისმოყვარე ქალი ცხოვრობს.

ჩვენი სტუმრები სასიამოვნო ხალხი იყვნენ.
ჩვენი სტუმრები ზრდილობიანი ხალხი იყვნენ.
ჩვენი სტუმრები საინტერესო ხალხი იყვნენ.

მე საყვარელი ბავშვები მყავს.
მაგრამ მეზობლებს ჰყავთ თავხედი ბავშვები.
თქვენი ბავშვები დამჯერები არიან?

80 [eighty]

Adjectives 3

80 [ოთხმოცი]

ზედსართავი 3

She has a dog.
The dog is big.
She has a big dog.

She has a house.
The house is small.
She has a small house.

He is staying in a hotel.
The hotel is cheap.
He is staying in a cheap hotel.

He has a car.
The car is expensive.
He has an expensive car.

He reads a novel.
The novel is boring.
He is reading a boring novel.

She is watching a movie.
The movie is exciting.
She is watching an exciting movie.

მას ძაღლი ჰყავს.
ძაღლი დიდია.
მას დიდი ძაღლი ჰყავს.

მას სახლი აქვს.
სახლი პატარაა.
მას პატარა სახლი აქვს.

ის სასტუმროში ცხოვრობს.
სასტუმრო იაფია.
ის იაფ სასტუმროში ცხოვრობს.

მას მანქანა ჰყავს.
მანქანა ძვირია.
მას ძვირიანი მანქანა ჰყავს.

ის რომანს კითხულობს.
რომანი მოსაწყენია.
ის მოსაწყენ რომანს კითხულობს.

ის ფილმს უყურებს.
ფილმი საინტერესოა.
ის საინტერესო ფილმს უყურებს.

81 [eighty-one]

Past tense 1

81
[ოთხმოცდაერთი]

წარსული 1

to write	წერა
He wrote a letter.	ის წერილს წერდა.
And she wrote a card.	ის ბარათს წერდა.
to read	კითხვა
He read a magazine.	ის ჟურნალს კითხულობდა.
And she read a book.	და ის წიგნს კითხულობდა.
to take	აღება
He took a cigarette.	მან სიგარეტი აიღო.
She took a piece of chocolate.	მან ერთი ნაჭერი შოკოლადი აიღო.
He was disloyal, but she was loyal.	ის [კაცი] არ იყო ერთგული, ის [ქალი] კი – ერთგული იყო.
He was lazy, but she was hard-working.	ის [კაცი] ზარმაცი იყო, ის [ქალი] კი – ბეჯითი.
He was poor, but she was rich.	ის [კაცი] ღარიბი იყო, ის [ქალი] კი – მდიდარი.
He had no money, only debts.	მას ფული კი არ ჰქონდა, არამედ ვალები.
He had no luck, only bad luck.	მას იღბალი არ ჰქონდა, რადგან უიღბლო იყო.
He had no success, only failure.	ის წარმატებული კი არა, წარუმატებელი იყო.
He was not satisfied, but dissatisfied.	ის კმაყოფილი კი არა, უკმაყოფილო იყო.
He was not happy, but sad.	ის ბედნიერი კი არა, არამედ უბედური იყო.
He was not friendly, but unfriendly.	ის სიმპატიური კი არ იყო, არამედ უშნო იყო.

82 [eighty-two]

82 [ოთხმოცდაორი]

Past tense 2

წარსული 2

Did you have to call an ambulance?	სასწრაფო უნდა გამოგეძახა?
Did you have to call the doctor?	ექიმისთვის უნდა დაგერეკა?
Did you have to call the police?	პოლიციისთვის უნდა დაგერეკა?
o you have the telephone number? I had it just now.	გაქვთ ტელეფონის ნომერი? წესით უნდა მქონდეს.
Do you have the address? I had it just now.	გაქვთ მისამართი? წესით უნდა მქონდეს.
Do you have the city map? I had it just now.	გაქვთ ქალაქის რუკა? წესით უნდა მქონდეს.
d he come on time? He could not come on time.	ის პუნქტუალურად მოვიდა? მან პუნქტუალურად მოსვლა ვერ შეძლო.
)id he find the way? He could not find the way.	იპოვნა მან გზა? მან გზის პოვნა ვერ შეძლო.
d he understand you? He could not understand me.	გაგიგო მან? მან ჩემი გაგება ვერ შეძლო.
Why could you not come on time?	რატომ ვერ შეძელი პუნქტუალურად მოსვლა?
Why could you not find the way?	რატომ ვერ შეძელი გზის პოვნა?
Why could you not understand him?	რატომ ვერ შეძელი მისი გაგება?
could not come on time because there were no buses.	მე ვერ შევძელი პუნქტუალურად მოსვლა, რადგან ავტობუსი აღარ მოვიდა.
ould not find the way because I had no city map.	მე ვერ შევძელი გზის გაგნება, რადგან რუკა არ მქონდა.
ould not understand him because the music was so loud.	მე ვერ შევძელი მისი გაგება, რადგან მუსიკა იყო ხმამაღლა.
I had to take a taxi.	ტაქსიში უნა ჩავმჯდარიყავი.
I had to buy a city map.	რუკა უნდა მეყიდა.
I had to switch off the radio.	რადიო უნდა გამომერთო.

83 [eighty-three]

Past tense 3

83 [ოთხმოცდასამი]

წარსული 3

to make a call	ტელეფონზე დარეკვა
I made a call.	დავრეკე.
I was talking on the phone all the time.	სულ ტელეფონზე ვლაპარაკობდი.
to ask	შეკითხვა
I asked.	ვიკითხე.
I always asked.	სულ ვკითხულობდი.
to narrate	თხრობა
I narrated.	მოვყევი.
I narrated the whole story.	სულ ვყვებოდი.
to study	სწავლა
I studied.	ვისწავლე.
I studied the whole evening.	მთელი საღამო ვსწავლობდი.
to work	მუშაობა
I worked.	ვიმუშავე.
I worked all day long.	მთელი დღე ვიმუშავე.
to eat	ჭამა
I ate.	ვჭამე.
I ate all the food.	საჭმელი სულ შევჭამე.

84 [eighty-four]

Past tense 4

84
[ოთხმოცდაოთხი]

წარსული 4

to read	კითხვა
I read.	წავიკითხე.
I read the whole novel.	მთელი რომანი წავიკითხე.
to understand	გაგება.
I understood.	გავიგე.
I understood the whole text.	მთელი ტექსტი გავიგე.
to answer	პასუხი
I answered.	ვუპასუხე.
I answered all the questions.	ყველა კითხვას ვუპასუხე.
I know that – I knew that.	ვიცი – ვიცოდი.
I write that – I wrote that.	ვწერ – დავწერე.
I hear that – I heard that.	მესმის – გავიგეე.
I'll get it – I got it.	მომაქვს – მოვიტანე.
I'll bring that – I brought that.	მომაქვს – მოვიტანე.
I'll buy that – I bought that.	ვყიდულობ – ვიყიდე.
I expect that – I expected that.	ველი – ველოდი.
I'll explain that – I explained that.	ვხსნი – ავხსენი.
I know that – I knew that.	ვიცი – ვიცოდი.

85 [eighty-five]

Questions – Past tense 1

85
[ოთხმოცდახუთი]

შეკითხვა – წარსული 1

How much did you drink?	რამდენი დალიეთ?
How much did you work?	რამდენი იმუშავეთ?
How much did you write?	რამდენი დაწერეთ?
How did you sleep?	როგორ გეძინათ?
How did you pass the exam?	როგორ ჩააბარეთ გამოცდა?
How did you find the way?	როგორ იპოვეთ გზა?
Who did you speak to?	ვის ელაპარაკეთ?
With whom did you make an appointment?	ვის მოელაპარაკეთ?
With whom did you celebrate your birthday?	ვისთან ერთად იზეიმეთ დაბადების დღე?
Where were you?	სად იყავით?
Where did you live?	სად ცხოვრობდით?
Where did you work?	სად მუშაობდით?
What did you suggest?	რა ურჩიეთ?
What did you eat?	რა მიირთვით?
What did you experience?	რა შეიტყვეთ?
How fast did you drive?	რამდენად სწრაფად მიდიოდით?
How long did you fly?	რამდენი ხანი იფრინეთ?
How high did you jump?	რა სიმაღლეზე ახტით?

86 [eighty-six]

86 [ოთხმოცდაექვსი]

Questions – Past tense 2

შეკითხვა – წარსული 2

Which tie did you wear?	რომელი ჰალსტუხი გეკეთა?
Which car did you buy?	რომელი მანქანა იყიდე?
Which newspaper did you subscribe to?	რომელი გაზეთი გამოიწერე?
Who did you see?	ვინ დაინახე?
Who did you meet?	ვის შეხვდით?
Who did you recognize?	ვინ იცანით?
When did you get up?	როდის ადექით?
When did you start?	როდის დაიწყეთ?
When did you finish?	როდის შეწყვიტეთ?
Why did you wake up?	რატომ გაიღვიძეთ?
Why did you become a teacher?	რატომ გახდით მასწავლებელი?
Why did you take a taxi?	რატომ ჩაჯექით ტაქსში?
Where did you come from?	საიდან მოხვედით?
Where did you go?	სად წახვედით?
Where were you?	სად იყავით?
Who did you help?	ვის მიეხმარე?
Who did you write to?	ვის მისწერე?
Who did you reply to?	ვის უპასუხე?

87 [eighty-seven]

Past tense of modal verbs 1

87
[ოთხმოცდაშვიდი]

მოდალური ზმნა წარსულში 1

We had to water the flowers.
We had to clean the apartment.
We had to wash the dishes.

ყვავილები უნდა მოგვერწყა.
ბინა უნდა დაგველაგებინა.
ჭურჭელი უნდა გაგვერეცხა.

Did you have to pay the bill?
Did you have to pay an entrance fee?
Did you have to pay a fine?

ანგარიში უნდა გადაგეხადათ?
შესვლისთვის უნდა გადაგეხადათ?
ჯარიმა უნდა გადაგეხადათ?

Who had to say goodbye?
Who had to go home early?
Who had to take the train?

ვინ უნდა დამშვიდობებოდა?
ვინ უნდა წასულიყო ადრე სახლში?
ვინ უნდა ჩამჯდარიყო მატარებელში?

We did not want to stay long.
We did not want to drink anything.
We did not want to disturb you.

არ გვინდოდა დიდხანს დარჩენა.
არ გვინდოდა დალევა.
არ გვინდოდა ხელის შეშლა.

I just wanted to make a call.
I just wanted to call a taxi.
Actually I wanted to drive home.

ახლახან დარეკვა მინდოდა.
მინდოდა ტაქსით წასვლა.
სახლში მინდოდა წასვლა.

I thought you wanted to call your wife.
I thought you wanted to call information.
I thought you wanted to order a pizza.

მეგონა, შენ ცოლთან დარეკვა გინდოდა.
მეგონა, შენ ცნობარში დარეკვა გინდოდა.
მეგონა, შენ პიცის შეკვეთა გინდოდა.

88 [eighty-eight]

Past tense of modal verbs 2

88 [ოთხმოცდარვა]

მოდალური ზმნების წარსული 2

My son did not want to play with the doll.
My daughter did not want to play football / soccer *(am.)*.
My wife did not want to play chess with me.

ჩემს ვაჟს არ სურდა თოჯინით თამაში.
ჩემს ქალიშვილს არ სურდა ფეხბურთის თამაში.
ჩემს ცოლს არ სურდა ჩემთან ჭადრაკის თამაში.

My children did not want to go for a walk.
They did not want to tidy the room.
They did not want to go to bed.

ჩემს შვილებს არ სურდათ გასეირნება.
მათ არ სურდათ ოთახის დალაგება.
მათ არ სურდათ დაძინება.

He was not allowed to eat ice cream.
He was not allowed to eat chocolate.
He was not allowed to eat sweets.

მას უფლება არ ჰქონდა ნაყინი ეჭამა.
მას უფლება არ ჰქონდა შოკოლადი ეჭამა.
მას უფლება არ ჰქონდა კანფეტები ეჭამა.

I was allowed to make a wish.
I was allowed to buy myself a dress.
I was allowed to take a chocolate.

უფლება მქონდა რამე მესურვა.
უფლება მქონდა კაბა მეყიდა.
უფლება მქონდა შოკოლადი ამეღო.

Were you allowed to smoke in the airplane?
Were you allowed to drink beer in the hospital?
Were you allowed to take the dog into the hotel?

შეგეძლო თვითმფრინავში მოწევა?
შეგეძლო საავადმყოფოში ლუდის დალევა?
შეგეძლო სასტუმროში ძაღლის წაყვანა?

During the holidays the children were allowed to remain outside late.
They were allowed to play in the yard for a long time.
They were allowed to stay up late.

არდადაგებზე ბავშვებს დიდხანს შეეძლოთ გარეთ დარჩენა.
მათ დიდხანს შეეძლოთ ეზოში დარჩენა.
მათ შეეძლოთ დიდხანს არ დაეძინათ.

89 [eighty-nine] | 89 [ოთხმოცდაცხრა]

Imperative 1 | ბრძანებითი კილო 1

You are so lazy – don't be so lazy!	შენ ძალიან ზარმაცი ხარ – ნუ ხარ ასეთი ზარმაცი!
You sleep for so long – don't sleep so late!	შენ დიდხანს გძინავს – ნუ გძინავს ამდენ ხანს!
You come home so late – don't come home so late!	შენ ძალიან გვიან მოდიხარ – ნუ მოდიხარ ასე გვიან!
You laugh so loudly – don't laugh so loudly!	შენ ძალიან ხმამაღლა იცინი – ნუ იცინი ასე ხმამაღლა!
You speak so softly – don't speak so softly!	შენ ძალიან ჩუმად ლაპარაკობ – ნუ ლაპარაკობ ასე ჩუმად
You drink too much – don't drink so much!	შენ ძალიან ბევრს სვამ – ნუ სვამ ამდენს!
You smoke too much – don't smoke so much!	შენ ძალიან ბევრს ეწევი – ნუ ეწევი ამდენს!
You work too much – don't work so much!	შენ ძალიან ბევრს მუშაობ – ნუ მუშაობ ამდენს!
You drive too fast – don't drive so fast!	შენ ძალიან ჩქარა მიდიხარ – ნუ მიდიხარ ასე ჩქარა!
Get up, Mr. Miller!	აბრძანდით, ბატონო მიულერ!
Sit down, Mr. Miller!	დაბრძანდით, ბატონო მიულერ!
Remain seated, Mr. Miller!	ბრძანდებოდეთ, ბატონო მიულერ!
Be patient!	მოითმინეთ!
Take your time!	ნუ იჩქარებთ!
Wait a moment!	მოითმონეთ!
Be careful!	ფრთხილად იყავით!
Be punctual!	პუნქტუალური იყავით!
Don't be stupid!	ნუ იქნებით სულელი!

90 [ninety]

Imperative 2

90 [ოთხმოცდაათი]

ბრძანებითი კილო 2

Shave!	გაიპარსე!
Wash yourself!	დაიბანე!
Comb your hair!	დაივარცხნე!
Call!	დარეკე! დარეკეთ!
Begin!	დაიწყე! დაიწყეთ!
Stop!	შეწყვიტე! შეწყვიტეთ!
Leave it!	შეეშვი! შეეშვით!
Say it!	თქვი! თქვით!
Buy it!	იყიდე! იყიდეთ!
Never be dishonest!	ნუ იქნები ცრუ!
Never be naughty!	ნუ იქნები თავხედი!
Never be impolite!	ნურასდროს იქნები უზრდელი!
Always be honest!	იყავი ყოველთვის გულწრფელი!
Always be nice!	იყავი ყოველთვის სასიამოვნო!
Always be polite!	იყავი ყოველთვის თავაზიანი!
Hope you arrive home safely!	ბედნიერად იმგზავრეთ!
Take care of yourself!	თავს მიხედეთ!
Do visit us again soon!	მალევე მოგვინახულეთ!

91 [ninety-one]

Subordinate clauses: *that* 1

91 [ოთხმოცდათერთმეტი]

დამოკიდებული წინადადებები რომ-ით

Perhaps the weather will get better tomorrow. — ამინდი ხვალ ალბათ უკეთესი იქნება.
How do you know that? — საიდან იცით?
I hope that it gets better. — იმედი მაქვს, რომ უკეთესი იქნება.

He will definitely come. — ის ნამდვილად მოვა.
Are you sure? — ნამდვილად?
I know that he'll come. — ვიცი, რომ მოვა.

He'll definitely call. — ის ნამდვილად დარეკავს.
Really? — მართლა?
I believe that he'll call. — ვფიქრობ, რომ დარეკავს.

The wine is definitely old. — ღვინო ნამდვილად ძველია.
Do you know that for sure? — ზუსტად იცით?
I think that it is old. — ვფიქრობ, რომ ძველია.

Our boss is good-looking. — ჩვენი უფროსი კარგად გამოიყურება.
Do you think so? — ასე ფიქრობთ?
I find him very handsome. — ვფიქრობ, რომ ძალიან კარგად გამოიყურება.

The boss definitely has a girlfriend. — უფროსს ნამდვილად ჰყავს მეგობარი გოგო.
Do you really think so? — ასე ფიქრობთ?
It is very possible that he has a girlfriend. — ეს შესაძლებელია, რომ მას მეგობარი გოგო ჰყავს.

92 [ninety-two]

Subordinate clauses: *that* 2

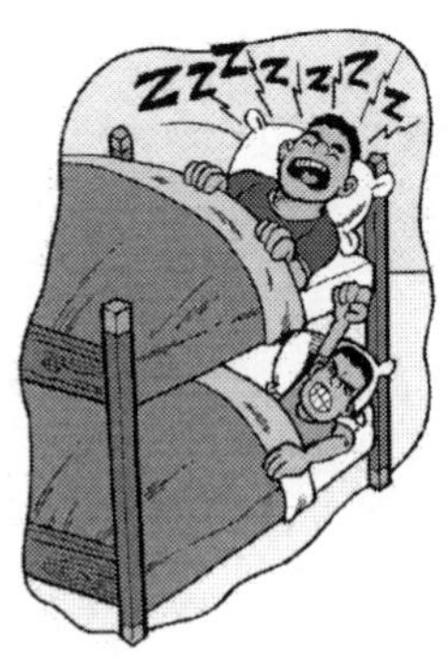

92
[ოთხმოცდათორმეტი]

დამოკიდებული წინადადებები რომ-ით 2

I'm angry that you snore.
I'm angry that you drink so much beer.
I'm angry that you come so late.

ვბრაზობ, რომ ხვრინავ.
ვბრაზობ, რომ ამდენ ლუდს სვამ.
ვბრაზობ, რომ ასე გვიან მოდიხარ.

I think he needs a doctor.
I think he is ill.
I think he is sleeping now.

ვფიქრობ, რომ მას ექიმი სჭირდება.
ვფიქრობ, რომ ის ავად არის.
ვფიქრობ, რომ მას ახლა სძინავს.

We hope that he marries our daughter.
We hope that he has a lot of money.
We hope that he is a millionaire.

იმედი გვაქვს, რომ ის ჩვენს ქალიშვილს ცოლად მოიყვანს.
იმედი გვაქვს, რომ ბევრი ფული აქვს.
ვფიქრობთ, რომ ის მილიონერია.

I heard that your wife had an accident.
I heard that she is in the hospital.
I heard that your car is completely wrecked.

გავიგე, რომ შენი ცოლი ავარიაში მოყვა.
გავიგე, რომ ის საავადმყოფოში წევს.
გავიგე, რომ შენი მანქანა გაფუჭდა.

I'm happy that you came.
I'm happy that you are interested.
I'm happy that you want to buy the house.

მიხარია, რომ მოხვედით.
მიხარია, რომ ინტერესი გაქვთ.
მიხარია, რომ სახლის ყიდვა შეგიძლიათ.

I'm afraid the last bus has already gone.
I'm afraid we will have to take a taxi.
I'm afraid I have no more money.

ვშიშობ, რომ ბოლო ავტობუსი უკვე წავიდა.
ვშიშობ, რომ ტაქსში უნდა ჩავჯდეთ.
ვშიშობ, რომ ფული თან არ მაქვს.

93 [nineteen-three]

Subordinate clauses: ***if***

93 [ოთხმოცდაცამეტი]

დამოკიდებული წინადადებები თუ-თი

I don't know if he loves me.	არ ვიცი, თუ ვუყვარვარ.
I don't know if he'll come back.	არ ვიცი, თუ დაბრუნდება.
I don't know if he'll call me.	არ ვიცი, თუ დამირეკავს.
Maybe he doesn't love me?	ნეტავ თუ ვუყვარვარ?
Maybe he won't come back?	ნეტავ თუ დაბრუნდება?
Maybe he won't call me?	ნეტავ თუ დამირეკავს?
I wonder if he thinks about me.	მაინტერესებს, თუ ფიქრობს ჩემზე.
I wonder if he has someone else.	მაინტერესებს, თუ ჰყავს ვინმე სხვა.
I wonder if he lies.	მაინტერესებს, ტყუის თუ არა.
Maybe he thinks of me?	ნეტავ ჩემზე თუ ფიქრობს?
Maybe he has someone else?	ნეტავ სხვა თუ ჰყავს?
Maybe he tells me the truth?	ნეტავ სიმართლეს თუ ამბობს?
I doubt whether he really likes me.	ზუსტად არ ვიცი, ვუყვარვარ თუ არა.
I doubt whether he'll write to me.	ზუსტად არ ვიცი, მომწერს თუ არა.
I doubt whether he'll marry me.	ზუსტად არ ვიცი, ცოლად თუ მომიყვანს.
Does he really like me?	ნეტავ მართლა მოვწონვარ?
Will he write to me?	ნეტავ მართლა მომწერს?
Will he marry me?	ნეტავ მართლა მომიყვანს ცოლად?

94 [ninety-four]

94
[ოთხმოცდათოთხმეტი]

Conjunctions 1

კავშირები 1

Wait until the rain stops.
Wait until I'm finished.
Wait until he comes back.

დაიცადე, სანამ წვიმა გადაიღებს.
დაიცადე, სანამ გავემზადები.
დაიცადე, სანამ დაბრუნდება.

I'll wait until my hair is dry.
I'll wait until the film is over.
I'll wait until the traffic light is green.

დავიცდი, სანამ თმა გამიშრება.
დავიცდი, სანამ ფილმი დასრულდება.
დავიცდი, სანამ შუქნიშანზე მწვანე აინთება.

When do you go on holiday?
Before the summer holidays?
Yes, before the summer holidays begin.

როდის მიემგზავრები შვებულებაში?
ზაფხულის არდადაგებამდე?
დიახ, სანამ ზაფხულის არდადაგები დაიწყება.

Repair the roof before the winter begins.
Wash your hands before you sit at the table.
Close the window before you go out.

შეაკეთე სახურავი, სანამ ზამთარი მოვა.
დაიბანე ხელები, სანამ მაგიდასთან დაჯდები.
დახურე ფანჯარა, სანამ გარეთ გახვალ.

When will you come home?
After class?
Yes, after the class is over.

როდის მოხვალ სახლში?
გაკვეთილის შემდეგ?
დიახ, როდესაც გაკვეთილი დასრულდება.

ter he had an accident, he could not work anymore.
After he had lost his job, he went to America.
After he went to America, he became rich.

მას შემდეგ, რაც ის ავარიაში მოყვა, მუშაობა აღარ შეეძლო.
მას შემდეგ, რაც მან სამსახური დაკარგა, ამერიკაში წავიდა.
მას შემდეგ, რაც ის ამერიკაში წავიდა, გამდიდრდა.

95 [ninety-five]

Conjunctions 2

95
[ოთხმოცდათხუთმეტი]

კავშირები 2

Since when is she no longer working?	როდიდან აღარ მუშაობთ?
Since her marriage?	ქორწინების შემდეგ?
Yes, she is no longer working since she got married.	დიახ, ის აღარ მუშაობს, მას შემდეგ, რაც დაქორწინდა.
Since she got married, she's no longer working.	მას შემდეგ, რაც იგი დაქორწინდა, აღარ მუშაობს.
Since they have met each other, they are happy.	მას შემდეგ, რაც ისინი ერთმანეთს იცნობენ, ბედნიერები არია
Since they have had children, they rarely go out.	მას შემდეგ, რაც მათ ბავშვები ჰყავთ, იშვიათად დადიან სასეირნოდ.
When does she call?	როდის ლაპარაკობს ის ტელეფონზე?
When driving?	მგზავრობის დროს?
Yes, when she is driving.	დიახ, მაშინ, როდესაც ის მანქანას ატარებს.
She calls while she drives.	ის ტელეფონზე ლაპარაკობს, როდესაც მანქანას ატარებს.
She watches TV while she irons.	ის უყურებს ტელევიზორს მაშინ, როდესაც აუთოებს.
She listens to music while she does her work.	ის უსმენს მუსიკას, როდესაც დავალებებს აკეთებს.
I can't see anything when I don't have glasses.	ვერაფერს ვხედავ, როდესაც სათვალე არ მიკეთია.
I can't understand anything when the music is so loud.	არაფერი მესმის, როდესაც მუსიკა ასე ხმამაღალია.
I can't smell anything when I have a cold.	არაფრის სუნი არ მცემს, როდესაც სურდო მაქვს.
We'll take a taxi if it rains.	ტაქსს ვაჩერებთ, როდესაც წვიმს.
We'll travel around the world if we win the lottery.	ვიმოგზაურებთ მსოფლიოს გარშემო, როდესაც ლოტოს მოვიგებთ.
We'll start eating if he doesn't come soon.	ჭამას დავიწყებთ, თუ მალე არ მოვა.

96 [ninety-six]

96 [ოთხმოცდათექვსმეტი]

Conjunctions 3

კავშირები 3

I get up as soon as the alarm rings.	ვდგები მაშინვე, როცა მაღვიძარა რეკავს.
I become tired as soon as I have to study.	ვიღლები, როდესაც უნდა ვისწავლო.
I will stop working as soon as I am 60.	აღარ ვიმუშავებ, როგორც კი 60 წელს მივაღწევ.
When will you call?	როდის დარეკავთ?
As soon as I have a moment.	როგორც კი ცოტა დრო მექნება.
He'll call, as soon as he has a little time.	ის დარეკავს, როგორც კი ცოტა დრო ექნება.
How long will you work?	კიდევ რამდენ ხანს იმუშავებთ?
I'll work as long as I can.	იმდენს ვიმუშავებ, რამდენსაც შევძლებ.
I'll work as long as I am healthy.	ვიმუშავებ, სანამ ჯანმრთელი ვარ.
He lies in bed instead of working.	ის ლოგინში წევს, იმის მაგივრად, რომ იმუშაოს.
She reads the newspaper instead of cooking.	ის კითხულობს გაზეთს, იმის მაგივრად, რომ საჭმელი მოამზადოს.
He is at the bar instead of going home.	ის კაფეში ზის, იმის მაგივრად, რომ სახლში წავიდეს.
As far as I know, he lives here.	რამდენადაც ვიცი, ის აქ ცხოვრობს.
As far as I know, his wife is ill.	რამდენადაც ვიცი, მისი ცოლი ავად არის.
As far as I know, he is unemployed.	რამდენადაც ვიცი, ის უმუშევარია.
I overslept; otherwise I'd have been on time.	რომ არ დამძინებოდა, არ დავაგვიანებდი.
I missed the bus; otherwise I'd have been on time.	ავტობუსზე რომ არ დამეგვიანა, პუნქტუალური ვიქნებოდი.
didn't find the way / I got lost; otherwise I'd have been on time.	გზა რომ არ ამბნეოდა, არ დავაგვიანებდი.

97 [ninety-seven]

Conjunctions 4

97

[ოთხმოცდაჩვიდმეტი]

კავშირები 4

He fell asleep although the TV was on.	მას დაეძინა, მიუხედავად იმისა, რომ ტელევიზორი ჩართულ იყო.
He stayed a while although it was late.	ის კიდევ დარჩა, მიუხედავად იმისა, რომ უკვე გვიანი იყო.
He didn't come although we had made an appointment.	ის არ მოვიდა, მიუხედავად იმისა, რომ მოვილაპარაკეთ.
The TV was on. Nevertheless, he fell asleep.	ტელევიზორი ჩართული იყო, მიუხედავად ამისა, მაინც დაეძინა.
It was already late. Nevertheless, he stayed a while.	უკვე გვიან იყო, მიუხედავად ამისა, ის მაინც დარჩა.
We had made an appointment. Nevertheless, he didn't come.	ჩვენ მოვილაპარაკეთ, მიუხედავად ამისა, ის მაინც არ მოვიდა
Although he has no license, he drives the car.	მიუხედავად იმისა, რომ მას არ აქვს მართვის მოწმობა, ის მაინ ატარებს ... .
Although the road is slippery, he drives so fast.	მიუხედავად იმისა, რომ გზა მოყინულია, ის მაინც სწრაფად მოძრაობს.
Although he is drunk, he rides his bicycle.	მიუხედავად იმისა, რომ ის მთვრალია, ველოსიპედით მიდის
Despite having no licence / license *(am.)*, he drives the car.	მას არ აქვს მართვის მოწმობა, მიუხედავად ამისა, ის მაინც ატარებს მანქანას.
Despite the road being slippery, he drives fast.	გზა მოყინულია, მიუხედავად ამისა, ის მაინც სწრაფად მოძრაობს.
Despite being drunk, he rides the bike.	ის მთვრალია, მიუხედავად ამისა, მაინც მიდის ველოსიპედით
Although she went to college, she can't find a job.	ის ვერ პოულობს სამსახურს, მიუხედავად იმისა, რომ განათლებულია.
Although she is in pain, she doesn't go to the doctor.	ის არ მიდის ექიმთან, მიუხედავად იმისა, რომ მას ტკივილებ აქვს.
Although she has no money, she buys a car.	ის ყიდულობს მანქანას, მიუხედავად იმისა, რომ ფული არ აქვს
She went to college. Nevertheless, she can't find a job.	ის განათლებულია, მიუხედავად ამისა, ვერ პოულობს სამსახურს.
She is in pain. Nevertheless, she doesn't go to the doctor.	მას ტკივილები აქვს, მიუხედავად ამისა, არ მიდის ექიმთან.
She has no money. Nevertheless, she buys a car.	მას არ აქვს ფული, მიუხედავად ამისა ყიდულობს მანქანას.

98 [ninety-eight]

98
[ოთხმოცდათვრამეტი]

Double connectors

ორმაგი კავშირები

The journey was beautiful, but too tiring.	მართალია, მოგზაურობა კარგი იყო, მაგრამ ძალიან დამღლელი.
The train was on time, but too full.	მატარებელი ზუსტად მოვიდა, მაგრამ ძალიან სავსე იყო.
The hotel was comfortable, but too expensive.	სასტუმრო მყუდრო იყო, მაგრამ ძალიან ძვირი.
He'll take either the bus or the train.	ის ან ავტობუსით წავა, ან – მატარებლით.
He'll come either this evening or tomorrow morning.	ის ან დღეს საღამოს მოვა, ან – ხვალ დილას.
He's going to stay either with us or in the hotel.	ის ან ჩვენთან იცხოვრებს, ან – სასტუმროში.
She speaks Spanish as well as English.	ის ლაპარაკობს ესპანურად ისევე, როგორც ინგლისურად.
She has lived in Madrid as well as in London.	მან იცხოვრა მადრიდში ისევე, როგორც ლონდონში.
She knows Spain as well as England.	ის იცნობს ესპანეთს ისევე, როგორც ინგლისს.
He is not only stupid, but also lazy.	ის არა მარტო სულელია, არამედ ზარმაციც.
She is not only pretty, but also intelligent.	ის არა მარტო ლამაზია, არამედ ჭკვიანიც.
She speaks not only German, but also French.	ის არა მარტო გერმანულად ლაპარაკობს, არამედ ფრანგულადაც.
I can neither play the piano nor the guitar.	არც პიანინოზე და არც გიტარაზე დაკვრა შემიძლია.
I can neither waltz nor do the samba.	არც ვალსის და არც სამბას ცეკვა შემიძლია.
I like neither opera nor ballet.	არც ოპერა მიყვარს და არც ბალეტი.
The faster you work, the earlier you will be finished.	რაც უფრო სწრაფად იმუშავებ, მით უფრო მალე მორჩები.
The earlier you come, the earlier you can go.	რაც უფრო ადრე მოხვალ, მით უფრო მალე შეძლებ წასვლას.
he older one gets, the more complacent one gets.	რაც უფრო ბერდები, მით უფრო მშვიდი ხდები.

99 [ninety-nine]

Genitive

99
[ოთხმოცდაცხრამეტი]

გენიტივი

my girlfriend's cat
my boyfriend's dog
my children's toys

ჩემი მეგობრის კატა
ჩემი მეგობრის ძაღლი
ჩემი ბავშვების სათამაშოები

This is my colleague's overcoat.
That is my colleague's car.
That is my colleagues' work.

ეს არის ჩემი კოლეგას პალტო.
ეს ჩემი კოლეგას მანქანაა.
ეს ჩემი კოლეგების სამუშაოა.

The button from the shirt is gone.
The garage key is gone.
The boss' computer is not working.

პერანგზე ღილი აწყვეტილია.
ავტოსადგომის გასაღები დაკარგულია.
უფროსის კომპიუტერი გაფუჭებულია.

Who are the girl's parents?
How do I get to her parents' house?
The house is at the end of the road.

ვინ არიან გოგონას მშობლები?
როგორ მივალ მისი მშობლების სახლში?
სახლი ქუჩის ბოლოს დგას.

What is the name of the capital city of Switzerland?
What is the title of the book?
What are the names of the neighbour's / neighbor's *(am.)* children?

რა ჰქვია შვეიცარიის დედაქალაქს?
რა არის წიგნის დასახელება?
რა ჰქვიათ მეზობლების ბავშვებს?

When are the children's holidays?
What are the doctor's consultation times?
What time is the museum open?

როდის არის სკოლის არდადაგები?
როდის აქვს ექიმს მიღების საათები?
როდის არის მუზეუმის ღია?

)0 [one hundred]

Adverbs

100 [ასი]

ზმნიზედები

already – not yet
Have you already been to Berlin?
No, not yet.

ერთხელ უკვე – ჯერ არასოდეს
ყოფილხართ როდესმე ბერლინში?
არა, ჯერ არასოდეს.

someone – no one
Do you know someone here?
No, I don't know anyone here.

ვინმე – არავინ
იცნობთ აქ ვინმეს?
არა, აქ არავის ვიცნობ.

a little longer – not much longer
Will you stay here a little longer?
No, I won't stay here much longer.

კიდევ – მეტი აღარ.
კიდევ დიდხანს რჩებით აქ?
არა, აქ დიდხანს აღარ ვრჩები.

something else – nothing else
Would you like to drink something else?
No, I don't want anything else.

კიდევ რამე – მეტი არაფერი
გნებავთ კიდევ რაიმეს დალევა?
არა, აღარაფერი მინდა.

something already – nothing yet
Have you already eaten something?
No, I haven't eaten anything yet.

უკვე რაიმე – ჯერ არაფერი
მიირთვით უკვე რამე?
არა, მე ჯერ არაფერი მიჭამია.

someone else – no one else
Does anyone else want a coffee?
No, no one else.

კიდევ ვინმე – მეტი არავინ
უნდა ვინმეს კიდევ ყავა?
არა, მეტს არავის.

END